EXPERTISE
EM APRENDER

Conheça
o segredo
dos melhores
profissionais

FERNANDO JUCÁ

Capa	Fernando Cornacchia
Coordenação	Ana Carolina Freitas
Copidesque	Mônica Saddy Martins
Diagramação	DPG Editora
Revisão	Ana Carolina Freitas, Cristiane Rufeisen Scanavini e Isabel Petronilha Costa

Dados Internacionais de Catalogação na Publicação (CIP)
(Câmara Brasileira do Livro, SP, Brasil)

Jucá, Fernando
    Expertise em aprender: Conheça o segredo dos melhores profissionais/Fernando Jucá. – Campinas, SP: Papirus 7 Mares, 2014.

Bibliografia.
ISBN 978-85-61773-47-2

1. Administração de empresas 2. Aprendizado 3. Conhecimento 4. Desenvolvimento profissional 5. Metacompetência I. Título.

14-00057   CDD-658.4

Índice para catálogo sistemático:
1. Gestão com aprendizagem:
   Administração executiva: Empresas   658.4

1ª Edição – 2014
6ª Reimpressão – 2021
Livro impresso sob demanda – 150 exemplares

Exceto no caso de citações, a grafia deste livro está atualizada segundo o Acordo Ortográfico da Língua Portuguesa adotado no Brasil a partir de 2009.

Proibida a reprodução total ou parcial da obra de acordo com a lei 9.610/98.
Editora afiliada à Associação Brasileira dos Direitos Reprográficos (ABDR).

DIREITOS RESERVADOS PARA A LÍNGUA PORTUGUESA:
© M.R. Cornacchia Editora Ltda. – Papirus Editora
R. Barata Ribeiro, 79, sala 316 – CEP 13023-030 – Vila Itapura
Fone: (19) 3790-1300 – Campinas – São Paulo – Brasil
E-mail: editora@papirus.com.br – www.papirus.com.br

AGRADECIMENTOS *Este livro foi construído em conjunto com toda a equipe da consultoria Atingire. Obrigado aos meus sócios, Ruy, Ricardo e Edil, pelas muitas e brilhantes ideias. Obrigado também a toda nossa equipe de operações e de* design, *pelo apoio aos inúmeros projetos de aprendizagem que inspiraram esta obra. Finalmente, um agradecimento especial ao nosso time de 40 facilitadores, decisivo no processo de investigar e refinar o modelo* expertise em aprender *junto com nossos clientes, verdadeiros parceiros em todo este trabalho.*

"O aprendizado
não é obrigatório,
mas a sobrevivência
também não."

W. EDWARDS DEMING

SUMÁRIO

10 PREFÁCIO
18 INTRODUÇÃO

PARTE I
A metacompetência dos melhores profissionais
26 CAPÍTULO 1: Expertise em aprender: Por que esse assunto é tão importante?
40 CAPÍTULO 2: Uma visão integrada sobre aprendizagem

PARTE II
Destrinchando o modelo
58 CAPÍTULO 3: Humildade e objetivos
84 CAPÍTULO 4: Experiências
110 CAPÍTULO 5: Pensamento
146 CAPÍTULO 6: Novas práticas

PARTE III
Aplicando o modelo e turbinando seu aprendizado
166 CAPÍTULO 7: Alavanque o seu aprendizado em cursos e treinamentos
176 CAPÍTULO 8: Avalie sua capacidade de aprender e construa um plano de evolução
192 CAPÍTULO 9: Gestão com aprendizagem

198 CONCLUSÃO
210 ANEXO
216 REFERÊNCIAS BIBLIOGRÁFICAS

PREFÁCIO

Por que aprender? Tenho refletido bastante sobre as razões que levam os profissionais a serem bem-sucedidos no seu trabalho. Seja pela ascensão na carreira, seja pela velocidade do seu processo de desenvolvimento, seja pela satisfação com as suas atribuições e responsabilidades, os profissionais de destaque apresentam curiosidade e capacidade de lidar com o novo e isso os torna eficazes ao lidar com os desafios profissionais que são colocados no momento atual.

Se deslocarmos o nosso olhar para a eficácia das organizações, será possível perceber também o componente de habilidade e velocidade de aprender como fundamental para a obtenção de vantagens competitivas e sobrevivência em um ambiente permeado pela concorrência cada vez mais acirrada.

Nesse contexto, Jucá foi muito feliz ao escolher e delimitar o tema para o seu novo livro: a expertise em aprender. Essa capacidade encontra-se atual e necessária diante dos dilemas que profissionais e organizações estão vivendo. Não se pode negar que passamos por um momento de grandes turbulências e indefinições. O desenvolvimento tecnológico e o acesso praticamente ilimitado às informações têm criado contornos distintos no formato de relacionamento entre as pessoas e no modo de competição entre as organizações. É inegável admitir que, nessas condições, têm se tornado mais complexos o sucesso e a prosperidade.

A abrangência desse tema não intimida o autor que, de maneira pragmática, traz um modelo de compreensão da aprendizagem que reúne a profundidade dos seus anos de leitura, pesquisa e prática nas atividades acadêmicas e consultivas e, ao mesmo tempo, a clareza e a possibilidade de apropriação rápida dos conceitos pelos leitores em decorrência do seu estilo preciso de escrita. O livro encontra-se bem-estruturado em etapas que facilitam a compreensão do modelo proposto pelo autor. Partindo-se da tensão positiva entre a humildade e a clareza dos objetivos de aprendizagem, é explicada com conceitos precisos e ricos exemplos a contribuição da experiência, do pensamento e de novas práticas no processo de desenvolvimento da expertise em aprender.

Certamente se beneficiarão desta leitura os profissionais em diferentes estágios de desenvolvimento da carreira e também executivos de organizações que estejam refletindo sobre fontes de vantagens competitivas dentro das suas respectivas indústrias. Reflito a seguir sobre as particularidades desse modelo proposto de aprendizagem para os profissionais e, na sequência, para as organizações.

No caso dos profissionais, é possível observar que o mercado de trabalho no Brasil vem passando por um momento bastante específico, permeado por desafios, mas, ao mesmo tempo, repleto de oportunidades. De um lado, são frequentemente recebidas boas notícias decorrentes da redução dos níveis de desemprego nos últimos anos e do aumento do nível de escolaridade da população em geral. De outro, o desenvolvimento tecnológico e o aumento de complexidade do processo de trabalho, paralelamente à evolução dos patamares de competição entre as empresas, geram a necessidade de busca por profissionais cada vez mais qualificados, fazendo que um número expressivo de pessoas fique à margem do mercado de trabalho e com dificuldades de colocação em postos de trabalho que criem condições de carreira e desenvolvimento.

Uma constatação imediata, porém superficial e perigosa, é de que o obstáculo de inserção desses profissionais no mercado de trabalho esteja na falta de conhecimento. Na mesma linha de raciocínio, pode parecer que a detenção de dados e informações seja um diferencial competitivo para os executivos nas organizações. Esse engano fundamenta-se na fartura dessas informações em diversos meios de comunicação, ampliados pelos fenômenos recentes de desenvolvimento tecnológico e advento das mídias sociais. Diante da ausência cada vez maior de barreiras de acesso a esse conhecimento, fica o desafio de adotar uma postura de abertura para o aprendizado, colocando as pessoas que têm essa expertise à frente das demais. Aqueles que estiverem mobilizados em busca de novos conhecimentos e experiências estarão no caminho certo para trilhar carreiras ascendentes e de destaque direcionadas a desafios cada vez mais estimulantes e recompensadores. Essa postura requer humildade diante do novo e, ao mesmo tempo, clareza e precisão no estabelecimento de objetivos de aprendizagem que sejam mobilizadores.

O deslocamento dessas constatações sobre o desenvolvimento das pessoas para o contexto organizacional pode ser imediato. Uma organização composta, em sua maioria, por profissionais que tenham a capacidade de aprender terá fortes condições de ser bem-sucedida. É importante enfatizar, entretanto, que a busca por diferenciais competitivos entre as empresas tem se tornado cada vez mais fluida e as fronteiras entre as possíveis fontes de vantagens competitivas ficou mais volátil.

A diluição dessas fronteiras, até então efetivamente diferenciadoras, tornou mais difícil sobreviver nos cenários emergentes de negócios. O desgaste das vantagens competitivas em indústrias tradicionais, como a química e a de *agribusiness*, deslocou o foco de diferenciação das empresas desses setores, até então no produto, para os modelos de abordar o mercado e interagir com os clientes.

Paralelamente, as sucessivas fusões e aquisições na indústria financeira também demonstraram uma maior variabilidade na busca por diferenciais como, por exemplo, obtenção de maior base de clientes, tipos de produto ou atuação em diferentes regiões geográficas. Vale destacar que alimentam essa volatilidade a indefinição entre as fronteiras de tradicionais indústrias com a criação de produtos e os modelos de negócios que representam a convergência entre diferentes setores de atuação. A injeção de medicamentos em sementes transgênicas, configurando a nova indústria denominada ciências da vida, ilustra essa nova versatilidade das relações industriais.

Os acirrados padrões de concorrência observados no mundo atual e a indefinição das fontes de competitividade colocam a expertise em aprender proposta pelo autor como uma premente necessidade de desenvolvimento para aquelas organizações que pretendem prosperar. A capacidade de aprender antes dos concorrentes como única fonte de vantagem competitiva sustentável, tão bem-aplicada por Arie de Geus nas suas experiências na Shell e sistematizada por Peter Senge e demais colegas do MIT, coloca o destaque na aprendizagem organizacional e na necessidade de aprimorar sistemas e instrumentos de gestão para viabilizá-la de maneira efetiva em distintos contextos organizacionais.

A expertise em aprender destacada neste livro trará benefícios e *insights* para os profissionais em busca de autodesenvolvimento e organizações cientes da necessidade de diferenciar-se das demais. A leitura das páginas a seguir também trará benefícios para outros atores. Professores acadêmicos e instrutores de programas de treinamento farão reflexões relevantes sobre o seu papel no processo de ensino. Novos padrões de conduta em programas de desenvolvimento de liderança, capacitação técnica ou mesmo aulas em universidades fazem-se necessários para agregar novos valores de aprendizagem para seus participantes e potencialmente suas respectivas organizações. Lembrei-me, durante a leitura, de mestres e instrutores que conheci ao longo da minha carreira, ou mesmo que foram colegas em meus momentos de professor, que tinham o prazer de constatar o desenvolvimento dos participantes dos seus programas e encará-los também como fonte de conhecimento e não simplesmente alunos passivos, como Jucá coloca de maneira tão pertinente.

Não posso deixar de destacar também que me chamou a atenção o elevado grau de valorização das relações humanas na abordagem proposta pelo autor. Esse viés é fruto da sua vigorosa paixão por pessoas, das suas reflexões e do diálogo com seu pai, uma conversa que se torna apoteótica no final do livro, convertendo a inquietação do leitor em poderosos *insights*.

Curta a leitura e aprimore a sua expertise em aprender, hoje com este saboroso livro e sempre.

Guilherme Rhinow
Diretor de Recursos Humanos da Janssen
(companhia farmacêutica da Johnson & Johnson)
e doutor em Administração de Empresas pela USP.

INTRODUÇÃO

Muito se tem falado sobre a recente multiplicação de alternativas de educação no Brasil, para aqueles que buscam incrementar a sua bagagem e acelerar a escalada profissional. Pipocam novas faculdades, programas de pós-graduação, MBAs de todos os tipos, novas possibilidades de ensino a distância: opções ávida e ansiosamente procuradas pelos profissionais que povoam as empresas brasileiras. Essas empresas, por sua vez, corretamente investem muito em programas variados de desenvolvimento da sua força de trabalho. E, enquanto isso, as publicações especializadas em gestão e negócio continuamente incentivam todo esse amplo movimento, ao alertar incessantemente: "Atenção, mexam-se, quem fica parado acaba retrocedendo".

No entanto, observo que essa *efervescência no ensino*, absolutamente saudável para o país, infelizmente tem se chocado com a enorme *falta de capacidade de aprender* de grande parte dos nossos executivos.

Observe o mundo corporativo. Quantas pessoas, que você conheça, têm a humildade necessária para conduzir um esforço sincero e profundo de autoconhecimento e análise de oportunidades pessoais de aprendizado? Quantas encontram espaço, no meio de todo o corre-corre empresarial, para refletir sobre suas experiências, construindo um aprendizado efetivo? Quantas são, de fato, capazes de ouvir outros pontos de vista e aprender com o outro?

Observe agora os frequentadores dos tais cursos que pululam pelo Brasil. Quantos alunos conseguem transformar o que foi ensinado em prática, ou seja, em novos comportamentos positivos? Quantos sabem como traçar, com autonomia e responsabilidade, objetivos relevantes de aprendizado, em vez de serem apenas conduzidos pelos professores por conteúdos preestabelecidos?

E de que adianta uma organização investir tempo e dinheiro em iniciativas de treinamento se quem participa não sabe aprender? É como fazer chover em um solo desértico. Por mais que a chuva seja variada e intensa, a aridez da terra a torna impermeável a qualquer mudança.

Peter Drucker, provavelmente o mais respeitado pensador da história da administração, já disse que um executivo da era do conhecimento precisa de apenas uma coisa: aprender a aprender.

Concordo totalmente.

Lembro que, em um bate-papo recente com um ex-presidente de grandes empresas, ouvi: "O que realmente distingue os melhores líderes é que eles aprendem melhor e mais velozmente que as outras pessoas". Claro, em um cenário empresarial em que a mudança contínua é a norma, não poderia ser diferente!

Muitas empresas erroneamente identificam alguns executivos como *altos talentos* (são os chamados *high potentials*) apenas porque entregam ótimos resultados no presente. Mas, quando as condições mudam, quando os desafios enfrentados por esses profissionais ganham complexidade, essa boa *performance* inicial muitas vezes simplesmente desaba. O que faltou? A capacidade e a humildade de aprender com múltiplas experiências e incorporar novas práticas.

Profissionais que sabem aprender fazem carreiras mais dinâmicas, ricas e muito mais prazerosas.

Profissionais que sabem aprender, trabalhando juntos, constroem empresas criativas, inovadoras, mais produtivas. E muito mais felizes. Líderes não se definem pela presença de seguidores. A relação é inversa. Líderes verdadeiros servem outras pessoas. E uma forma suprema de servir é impulsionar o crescimento de todos por meio do aprendizado.

[O objetivo deste livro é trazer um modelo de ação, denominado *expertise em aprender*, que indica claramente o que fazem esses profissionais diferenciados.]

Esse modelo será explicado em detalhes na Parte II desta obra, com dicas e comentários preciosos para você. Depois, na Parte III, mostraremos como aplicar o modelo em diferentes situações concretas, por exemplo, na construção de equipes com a capacidade de aprender continuamente.

Espero que, a esta altura, você já esteja se perguntando: o que é exatamente essa tal expertise em aprender? Porque é por aí que seguirá a nossa conversa! Vamos adiante?

PARTE I

PARTE II

PARTE III

A metacompetência dos melhores profissionais

Destrinchando o modelo

Aplicando o modelo e turbinando seu aprendizado

"Mestre não é
quem sempre ensina,
mas quem de repente
aprende."

GUIMARÃES ROSA

CAPÍTULO 1
Expertise em aprender: Por que esse assunto é tão importante?

O que é a expertise em aprender?
Eu já não sei aprender?

Se você gravita no mundo corporativo, sou capaz de apostar que já ouviu declarações como estas:

> "Não adianta realizar programas de treinamento, nesta empresa as coisas nunca mudam."

> "O treinamento foi bom, mas quem deveria ter participado era o meu chefe e não eu."

> "Para que me inscrever em um curso de técnicas de apresentação, se não tenho o dom de falar em público? Ou em um programa sobre criatividade, se não sou criativo?"

O que todas essas frases revelam é a ausência de uma competência fundamental atualmente: a expertise em aprender. A expertise em aprender pode até ser chamada de *metacompetência*: quanto mais você a possuir, mais eficazmente se desenvolverá nas outras competências!

A ausência dessa metacompetência – que produz frases como as mencionadas no início deste capítulo – está relacionada a uma incompreensão do que significa "aprender".

Grande parte das pessoas imagina o aprendizado como um processo de absorção. Em outras palavras, há um conhecimento pronto lá fora que é preciso incorporar. Para abusar de uma metáfora já muito utilizada, o processo de aprender seria comparável a um copo que vai gradualmente se enchendo de água. Não é por acaso que muitos alunos assumem uma posição passiva na sala de aula: lá, eles se veem apenas como um receptáculo, pronto a ser preenchido com a sapiência do professor. Alguém já me disse que a origem etimológica da palavra aluno faz referência a alguém "sem luz" (a-luno). Não sei se a história é verdadeira, mas ela vai precisamente ao encontro dessa interpretação do aprendizado como uma relação vertical, unidirecional e desigual entre muitos copos vazios e um único ser, o professor, de quem emana a iluminação do saber.

Por falar em professor, a próxima imagem mental que surge, quando falamos sobre aprendizado no dia a dia, é a de fontes formais de conhecimento, como escolas e cursos. E livros, muitos deles.

E, se há livros, é importante reservar um tempo especial para o aprendizado. Um momento só seu, sem interrupções, em que possa se concentrar na leitura. É aquela coisa: há o tempo do estudo e o tempo do trabalho, e os dois não se misturam. Pode perguntar para um executivo o que ele fez no dia. Ele vai dizer que comandou, pensou, comunicou-se, escreveu... dezenas de verbos, sem uma única menção a "aprender"!

Finalmente, e não menos importante, o aprender é percebido como uma atividade puramente intelectual.

Bom, será que aprender é apenas isso?

Vamos fazer o seguinte: vou propor uma definição mais ampla para o aprendizado e, depois, tentar mostrar por que esse assunto é tão relevante hoje. Aí vai a definição:

[Aprendo quando enriqueço ou reformulo meus modelos mentais, alterando meu comportamento.]

Um primeiro ponto importante nessa definição é que aprendizado implica a mudança de comportamento. Se tal mudança não ocorreu, estamos falando apenas de enciclopedismo gratuito, para gastar em almoços e festas.

Vou dar um exemplo: em um programa de desenvolvimento corporativo sobre inovação, convidamos um diretor de teatro, que falou de seu método de criação coletiva. A maior parte dos executivos presentes listou como aprendizado a oportunidade de criar dinâmicas mais participativas com seus times, explicando como alguns dos exercícios comentados pelo palestrante poderiam ser aplicados para gerar ideias de novos produtos. Puxa, essas pessoas aprenderam algo! Como dizemos na Atingire, "é importante voar e depois saber aterrissar". O profissional soube voar, inspirar-se, com a imersão no universo do teatro e, depois, fazer o caminho de volta, originando novos comportamentos produtivos no trabalho. Dá para comparar com outro executivo presente (infelizmente, sempre há um...), que se limitou a registrar como aprendizado "uma visão interessante sobre a obra do diretor teatral"?

Um segundo ponto sobre a nossa definição: modelo mental é uma explicação sobre como as coisas são, sobre como o mundo funciona. Gosto de comparar o conceito de moldura mental a um par de "óculos" que usamos para perceber as coisas à nossa volta. Podemos até trocá-los algumas vezes, mas é importante reconhecer que sempre os estamos usando. Esses "óculos" são o conjunto de lembranças, atitudes, crenças e interesses que modulam o que e como processamos o que o mundo nos oferece.

Por exemplo, se estou procurando emprego e vou participar de uma entrevista de seleção, tenho um modelo mental do que irão me perguntar, de como tenho de me comportar, do que posso fazer para causar uma boa impressão.

Note bem, modelos mentais são úteis para nós, porque ensejam comportamentos específicos, que, de acordo com esse modelo, devem trazer o sucesso. Já no começo da história humana, essa capacidade de construir bons modelos mentais foi uma importante vantagem competitiva para assegurar a nossa sobrevivência.

É importante perceber que temos modelos mentais para tudo. Assim, é fácil entender como essa questão é tão relevante para as empresas ou, pelo menos, deveria ser. Por exemplo: qual o modelo mental de nossos líderes sobre desenvolvimento de talentos? Que modelo mental estamos aplicando ao tentar avaliar nossas relações com o consumidor?

O gatilho para a mudança de comportamento está relacionado com meus modelos mentais. Modelos mentais são construídos e refinados sem parar. As fontes para esse processo são quase infinitas, mesmo que muitas vezes sutis. O comentário de um colega no corredor sobre o chefe pode ajustar seu modelo mental sobre perspectivas de carreira. Os resultados frustrantes de uma reunião com a equipe de vendas podem reforçar seu modelo mental sobre o trabalho em equipe.

E o mais curioso: há uma interação constante de novas experiências com modelos mentais; uma coisa influencia a outra. Em razão dessa influência, se duas pessoas diferentes participassem da mesma reunião de vendas, com exatamente os mesmos resultados frustrantes do exemplo acima, o aprendizado, ainda assim, poderia ser completamente distinto.

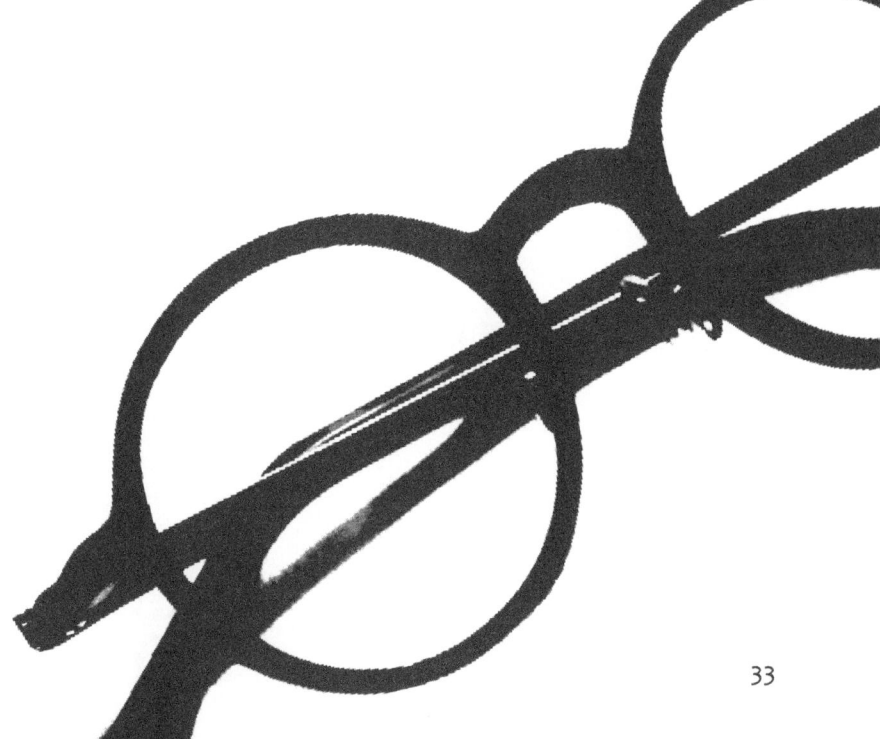

Você *enriquece* seu modelo mental quando torna mais específico seu conhecimento. Um exemplo primitivo: nem todas as cobras são perigosas, apenas as de coloração avermelhada. Um exemplo corporativo: em um treinamento, posso aprender que o melhor momento para dar *feedback* a alguém é durante a execução da tarefa, e não depois.

Reformular um modelo mental, por sua vez, implica desaprender concepções anteriores, em prol de outras, mais úteis e relevantes. No exemplo corporativo anterior, posso descobrir também que, ao contrário do que meu modelo mental original supunha, o *feedback* não é uma comunicação de mão única, em que alguém corrige ou elogia outra pessoa. Mais produtivo é modificar meu modelo mental, repensando totalmente o *feedback*, para vê-lo como um diálogo, uma troca de impressões e um acordo sobre novos comportamentos.

Percebe a diferença entre enriquecer e reformular um modelo mental?

[Repito: **enriquecer um modelo mental é acrescentar algo para refiná-lo; reformular um modelo significa desaprender algo.**]

Se você perguntar para um *trainee* se ele sabe trabalhar em equipe, ele, sem titubear, vai dizer que sim. Mas seu modelo mental sobre o tema foi forjado em situações acadêmicas universitárias, ou seja, com grupos de alunos em que normalmente há pouca troca de ideias; com uma divisão de tarefas simples que depois se organizam por adição ("você lê tal capítulo, eu leio outro"); e com baixo conflito de interesses (todos têm o mesmo interesse: passar de ano). Em muitos programas de treinamento, começamos a conversa reformulando essa visão e, depois, com base nas experiências geradas, enriquecemos um novo modelo mental, que leva em conta as características mais complexas do cenário corporativo.

É fácil admitir que enriquecer um modelo mental é um movimento mais natural para todos nós, pois não envolve a *desconfirmação* de crenças e premissas, quase sempre carregadas de emoção, considerando também, e especialmente, como vemos e queremos projetar nossa imagem de competência.

O executivo que já operava com o modelo mental de que reuniões quase sempre são um desperdício de energia, provavelmente sairia do encontro com a equipe de vendas um pouco mais convicto: "Eu já sabia, quanta perda de tempo". Ah, como adoramos dizer que já sabíamos...

Mas a coisa vai mais longe. Uma pesquisa revelou que a notória maior dificuldade dos adultos em aprender quando comparados às crianças (popularizada no infeliz ditado "macaco velho não aprende truque novo") é explicada não porque não conseguimos fazer novas conexões neurais para enriquecer nossos modelos mentais, e sim porque é muito difícil enfraquecer conexões neurais antigas e, então, modificar modelos mentais atuais.

Ou seja, para os adultos, desaprender é o grande desafio. É por isso que, por exemplo, carregamos no sotaque quando aprendemos uma língua nova: podemos até aprender novas palavras, mas é quase impossível desaprender nosso sotaque ao falar.

Bom, qual o resumo de todos esses raciocínios sobre aprendizado?

Basta olhar a tabela a seguir:

APRENDER	
visão *comum*	visão *expertise*
Atividade só intelectual	Conexão direta com comportamentos
Absorver	Enriquecer ou reformular modelos mentais
O conteúdo vem pronto de fora	O conteúdo é transformado por mim
Fontes formais, como livros	Experiências variadas, às vezes, até a leitura
Momento específico	O tempo todo
Acumular saber gradualmente	Desaprender também é essencial

» Qual, entre dois profissionais, aprende mais rápido, aquele com a visão *comum* sobre aprendizagem ou o que tem a visão *expertise*?

» Qual está mais preparado para lidar com as contínuas mudanças do mercado e, por isso, apto a produzir melhores resultados?

Pois é, toda essa discussão sobre expertise em aprender é tão importante que um grupo de acadêmicos de vários países criou recentemente uma nova área de estudo, a *heutagogia*. Você já deve ter ouvido falar sobre a pedagogia, que estuda como as crianças aprendem. Talvez também já conheça o termo "andragogia", campo de pesquisas sobre como os adultos aprendem. Pois bem, a heutagogia abarca conceitos dessas duas áreas e vai além, ao formalmente indagar "como podemos aprender a aprender" ou, em outras palavras, "como melhorar a nossa expertise em aprender".

A contribuição deste livro para essa instigante pergunta começa com a definição de aprendizado proposta neste capítulo e continua no próximo, com a sugestão de um modelo que descreve o que fazem as pessoas que sabem aprender.

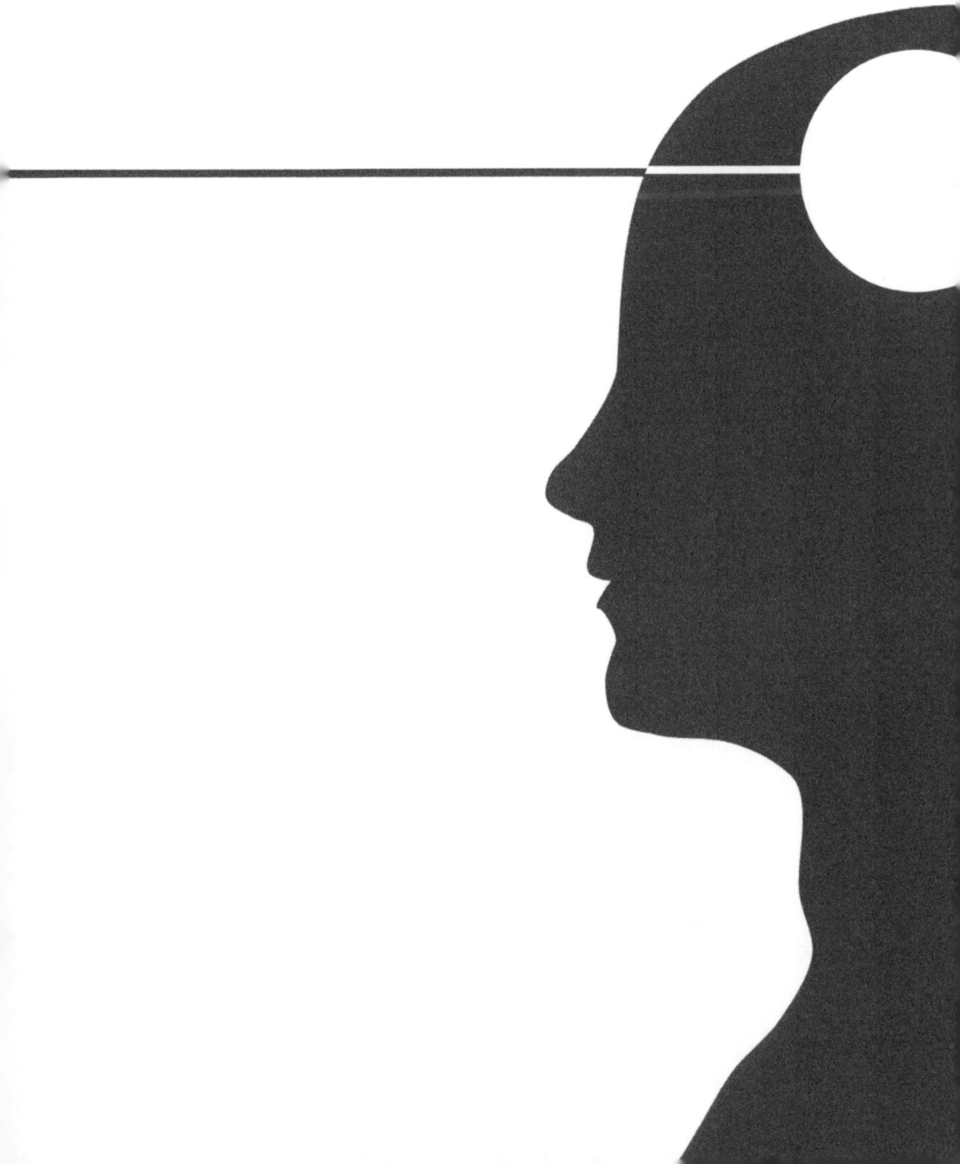

CAPÍTULO 2
Uma visão integrada sobre aprendizagem

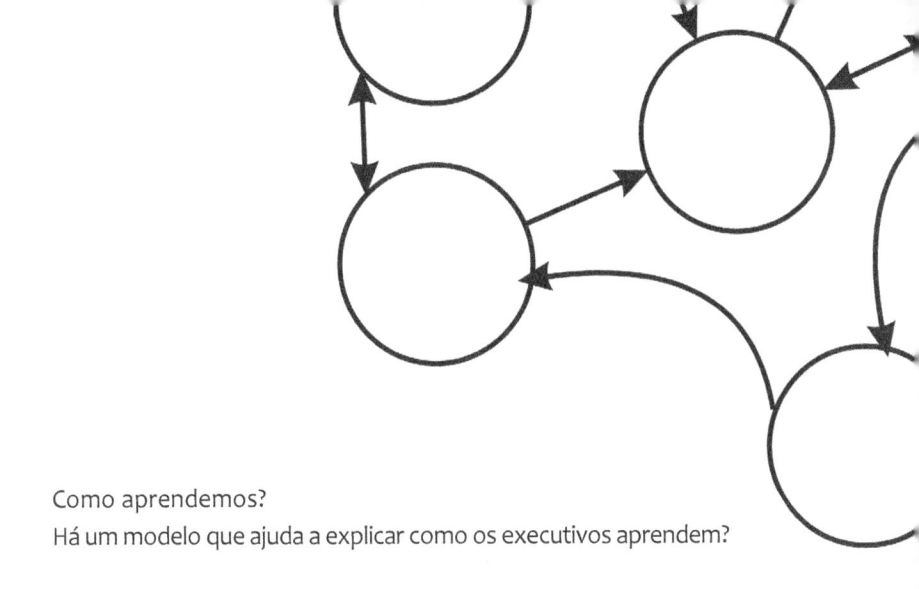

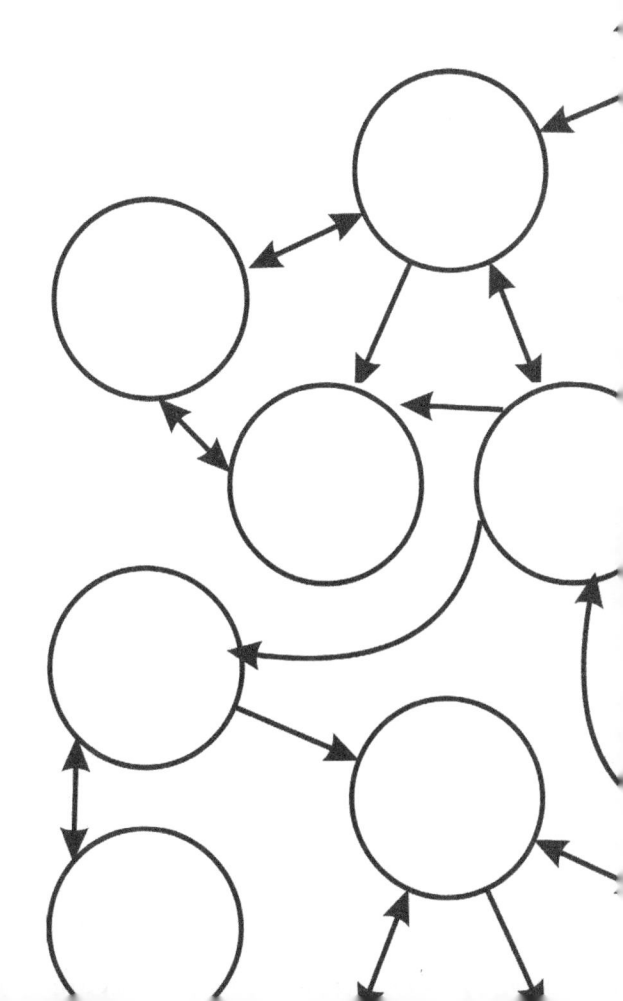

Como aprendemos?
Há um modelo que ajuda a explicar como os executivos aprendem?

Falar sobre aprendizagem é sempre perigoso. Além de incorporar os campos de conhecimento específicos e amplos citados no final do capítulo anterior (pedagogia, andragogia e heutagogia), o tema se alimenta de uma enorme e fértil influência de outras áreas, como a filosofia, a psicologia e a biologia. O resultado é que a tentativa de simplificar conceitos tão detalhadamente esmiuçados por esses campos é normalmente criticada por algum especialista atento.

Esse rigor naturalmente carrega suas vantagens. Para citar as mais óbvias: traz seriedade para a discussão sobre o assunto "aprendizado" e institui caminhos sólidos para a pesquisa do assunto, por meio da criação de comunidades de profissionais que gradualmente constroem novas hipóteses, baseados nas conclusões de estudos anteriores, configurando assim o que poderíamos chamar de prática científica.

Por outro lado, acredito que não seja irrelevante a tentativa de olhar transversalmente diferentes abordagens sobre a aprendizagem. Não raramente esse *olhar transversal* traz *insights*, ao permitir a polinização entre diferentes ciências ou ao integrar, mesmo que com uma linguagem leve, propostas antes mantidas em compartimentos estanques.

Feito esse esperançoso preâmbulo, afirmo que o modelo de aprendizagem apresentado neste capítulo e esmiuçado no restante do livro bebe de investigações e de uma rica experiência da Atingire, consultoria da qual sou um dos sócios e que se dedica ao desenvolvimento de executivos de muitas dezenas de empresas em todo o país.

Mesmo que haja o inevitável risco de esse *olhar integrador* repetir visões já expostas por outros estudiosos, ele pelo menos traz um pouco da experiência vivida no dia a dia por profissionais com um interesse concreto na questão e que, portanto, vivenciam-na de forma completa e não fragmentada em seu cotidiano.

Surgem dessa vivência da Atingire *três insights* principais. Cada um deles traz importantes provocações para o executivo que deseja aprimorar sua expertise em aprender.

Insight 1

A experiência da Atingire tem me ensinado a jamais desconsiderar a chamada abordagem humanista da educação, que incorpora uma proposta filosófica de alta relevância para essa nossa discussão. Alguns preceitos essenciais dessa visão, que se mostram absolutamente pertinentes em projetos corporativos de aprendizagem, são:

» Ênfase não em conteúdos, mas, sim, nas pessoas e em seus *objetivos*, considerando o participante integralmente, como um ser humano que desempenha múltiplos papéis, e não apenas o de executivo. Enxergando-o, portanto, como único em suas percepções do mundo e em seus desafios de realização profissional. Autodeterminação e responsabilidade na definição de objetivos de aprendizado são aspectos derivados dessa concepção.

» As pessoas são naturalmente curiosas, elas gostam de aprender, mas a agressividade que muitas vezes caracteriza a competição da vida executiva, somada a culturas empresariais que punem impiedosamente o erro, ajudam a moldar uma casca arrogante, que pode matar no nascedouro qualquer iniciativa de desenvolvimento. O aprendizado, na verdade, é impossível sem a *humildade*, a capacidade sincera e madura de enxergar oportunidade de desenvolvimento em si mesmo.

PROVOCAÇÃO:

Você estabelece continuamente para si próprio **objetivos** de aprendizagem baseados em uma autoavaliação realizada com **humildade**?

Insight 2

O segundo *insight*, que para muitos pode soar próximo ou conectado ao anterior, é sobre quão valiosa é a abordagem educacional construtivista.

Essa visão nos leva a propor que o aprendizado ocorre por meio de experiências vividas e pensadas pelo executivo:

» Essa *experiência* é baseada no ensaio e erro, no choque com a realidade. Em programas de desenvolvimento de executivos, por exemplo, temos a missão fundamental de construir um ambiente em que essa vivência ocorra em alta intensidade, em que múltiplas opções de ação sejam discutidas e experimentadas, sem uma solução pronta imposta pelo "mestre".

» E não basta viver a experiência, temos de promover o *pensamento* em torno dela, incentivando a reflexão – que envolve, por exemplo, o questionamento e a realização de conexões com outras situações e informações – e, depois, a criação de hipóteses e a idealização de novas possibilidades de experiência.

Um biólogo com quem a Atingire tem tido o prazer de conversar, o professor norte-americano James Zull, explica em seu excelente livro *The art of changing the brain* como essa visão sobre a relação entre a *experiência* e os *pensamentos* é endossada pela nossa compreensão atual do funcionamento do córtex cerebral. De forma bastante simplificada, esboço a seguir esse raciocínio:

Importantes funções de cada parte do córtex	Correlação com o que propomos sobre experiências e pensamentos
O córtex sensorial recebe *inputs* sobre o mundo lá fora: vemos, ouvimos, tocamos, cheiramos, degustamos e nos orientamos espacialmente.	Essa é exatamente a descrição mais usual sobre o que é uma experiência.
A porção do córtex com função integrativa, que se localiza mais próximo do córtex sensorial, reúne toda essa informação dos sentidos envolvendo-se na formação da memória e criando significado.	Durante o que chamamos de reflexão, relembramos informações relevantes, desenvolvemos associações, analisamos nossas experiências.
A porção integrativa do córtex frontal é a responsável pela resolução de problemas, tomada de decisões e confecção de planos de ação, organizando atividades de todo o corpo.	Isso combina bem com a geração de abstrações e o desenvolvimento de planos de ação para continuar o aprendizado.
O córtex motor aciona toda nossa ação muscular voluntária, produzindo movimento. Ele faz acontecer planos e ideias que foram gerados.	A correlação novamente é ótima: o ciclo de aprendizado continua com a concretização efetiva de novas experiências, ou seja, com a ação.

A tabela anterior, que conclui o nosso segundo *insight*, alerta para algumas questões absolutamente fundamentais, que muitas vezes passam despercebidas e que se relacionam com o que chamamos de *transformação do conhecimento*:

- » A experiência está, por definição, no passado, mas o pensamento que cria hipóteses e planos de ação para o aprendizado contínuo olha para o futuro.
- » Recebemos nossas experiências, mas produzimos o nosso aprendizado. Há uma tremenda diferença entre ser receptor e produtor, entre absorver um conteúdo passivamente e pensar.
- » Quando olhamos para o futuro e nos vemos como produtores do aprendizado, ganhamos mais controle sobre a nossa própria evolução, algo que é marcante nos executivos com expertise em aprender.

PROVOCAÇÃO:

Você realmente atua como produtor do aprendizado, **pensando** nas inúmeras **experiências** que a vida profissional proporciona e, ao mesmo tempo, concebendo tantas outras relevantes para continuar aprendendo?

Insight 3

Finalmente, o terceiro *insight* relaciona-se com a abordagem comportamental da educação, que acredito tem muito a contribuir para o sucesso de projetos de aprendizagem. A imagem caricata do "ratinho que, ao ver um determinado sinal luminoso, executa uma rotina e ganha uma recompensa" é infelizmente usada por muitos colegas para ironizar um arcabouço teórico algumas vezes apressadamente criticado como ultrapassado e reducionista.

Mas, se aprender é incorporar novos comportamentos, como já sugerimos neste livro, então, é impossível deixar de falar de conceitos clássicos da psicologia de orientação behaviorista, como estímulos, recompensas e o que chamo de incorporação de *práticas*, ou seja, o efetivo estabelecimento de novos comportamentos positivos, por meio de estratégias conscientes para torná-los hábitos.

No ambiente da educação corporativa, tem-se falado muito, e corretamente, sobre a gigantesca importância da *transferência de aprendizado* da sala de treinamento para o dia a dia do trabalho. Ora, muitos dos recursos utilizados para potencializar essa transferência são de natureza comportamental. Por exemplo:

» Exercícios em que executivos imaginam quais gatilhos, em futuras situações, acionariam a utilização de determinada ferramenta discutida no programa.
» Reconhecimento público (apenas como exemplo de um dos tipos de recompensa utilizados) para os executivos que mais claramente demonstrarem a incorporação do aprendizado em projetos reais.
» Realização de dinâmicas de *role-playing*, que implicam a utilização dos conceitos discutidos no treinamento e uma conclusão com o *feedback* do facilitador, permitindo tanto a identificação, pelo executivo, de cenários específicos de aplicação dos conceitos, quanto uma recompensa imediata pelo aprendizado (via reconhecimento do facilitador e dos colegas).

PROVOCAÇÃO:

Você consegue planejar e implantar processos que garantam que o aprendizado realmente se concretize na adoção de novas **práticas** positivas no seu dia a dia?

Somando os conceitos essenciais dos nossos três *insights*, temos abaixo o modelo Atingire de aprendizado:

HUMILDADE [(Experiências) ⇔ (Pen

Nos próximos capítulos, falaremos mais detalhadamente sobre cada componente desse modelo.

E encerramos este com um "resumo da ópera", que traz mensagens importantes para todo profissional que deseja aprimorar sua expertise em aprender:

» Sem a tensão positiva entre *humildade* e *objetivos* de aprendizagem, provavelmente, estaremos pouco engajados e empregando uma dedicação muito inferior àquela

[Práticas] **OBJETIVOS**

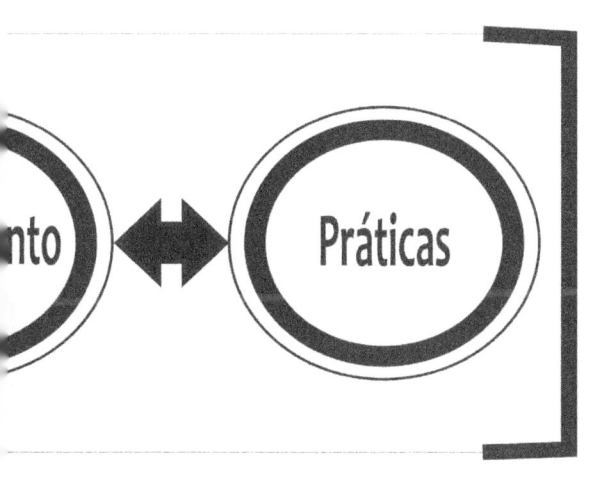

necessária em projetos de desenvolvimento que, de fato, provoquem mudanças profundas.

» Sem a transformação originada em *experiências* e no *pensamento* sobre elas, não estamos nos desenvolvendo, mas apenas adotando uma cópia mecânica de instruções já prontas.

» E sem a real adoção de novas *práticas* depois, infelizmente, produziremos apenas fumaça intelectual!

PARTE II

Destrinchando o modelo

"A habilidade de aprender mais rápido que outros é provavelmente a única vantagem competitiva realmente sustentável."

ARIE DE GEUS

CAPÍTULO 3
Humildade e objetivos

Qual o seu objetivo de aprendizagem nesta semana?
Para você, aprender é um objetivo sempre presente?
Quão faminta é a sua humildade?

Lembro bem da primeira aula que tive a chance de ministrar. Foi em um curso de pós-graduação, há cerca de 15 anos. Estava, claro, extremamente nervoso. Não é fácil enfrentar uma plateia de desconhecidos, quase todos mais velhos que você, para discutir, durante uma hora e meia, um tema que faz parte do cotidiano deles.

Para ir direto ao ponto, foi um fiasco total. Até hoje, tenho pesadelos com uma mulher que se sentou na segunda fila, logo à minha direita. Com poucos minutos de jogo, ela deu o maior bocejo que já vi. Assustado, nem por um instante cogitei a possibilidade de ela simplesmente estar muito cansada. Do alto da minha insegurança, a conclusão foi inequívoca: eu não estava agradando. Ato contínuo, comecei a atropelar o meu discurso. Óbvio, meu cérebro já tinha enviado uma eloquente mensagem para todo o meu corpo: fuja! O resultado é que todas as atividades de aprendizagem que tinha planejado para a aula se exauriram em apenas 17 minutos. Para assombro dos alunos, me despedi rapidamente e saí constrangido.

    Recordo-me de cada detalhe da conversa interior que travei comigo mesmo enquanto voltava para casa. Essa conversa desembocava sempre em duas constatações. A primeira era de que saber dar aulas é uma questão de dom: alguns têm, outros não, eu não tinha. A segunda constatação vinha acompanhada de um balançar de ombros e de um esforçado tom de desdém: "Também, não queria mesmo...".

Esse tipo de pensamento tem uma função de preservação, de autoproteção. O que eu estava dizendo para mim mesmo era: "Você não errou; simplesmente, não foi aquinhoado com a graça divina da oratória, não é culpa sua. Além disso, pare de se preocupar, esse assunto não é importante para você" (mentira deslavada, eu brincava de professor quando era criança!).

A verdade é que não gostamos de errar, de reconhecer nossos limites. Esse é um exercício que requer humildade, condição essencial para o olhar sincero e maduro. Na mesma história, fica claro, também, como me esquivei do que poderia ter se tornado, para mim, um objetivo de aprendizado pessoal.

No dia seguinte, já mais calmo, decidi falar com alguns colegas professores que admirava muito. A pergunta-chave, que nunca havia feito para eles antes, foi: "Como foi a sua primeira vez?". Ouvi todo tipo de situações cômicas e embaraçosas. Todos narraram, mesmo que com bom humor, um processo de aprendizado lento e, não raramente, doloroso. Parece óbvio agora, mas aqueles gênios da comunicação não tinham nascido prontos. Eles tinham aprendido.

O prosaico caso pessoal anterior retrata com fidelidade os resultados de uma pesquisa qualitativa recente da Atingire, com 20 executivos de grandes empresas. A pergunta essencial da pesquisa foi esta: "Quando um programa de educação corporativa não traz os resultados esperados para você, o que aconteceu?". Apenas o diálogo franco que pode caracterizar uma abordagem qualitativa de investigação nos permite chegar aos seis tipos principais de resposta ilustrados a seguir:

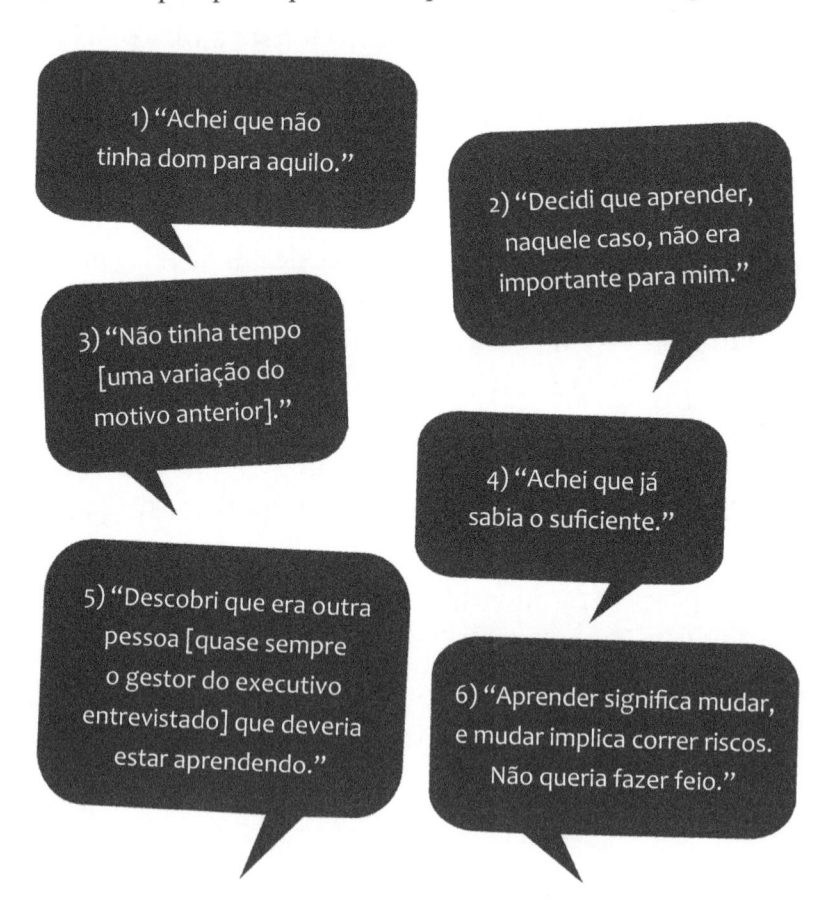

1) "Achei que não tinha dom para aquilo."

2) "Decidi que aprender, naquele caso, não era importante para mim."

3) "Não tinha tempo [uma variação do motivo anterior]."

4) "Achei que já sabia o suficiente."

5) "Descobri que era outra pessoa [quase sempre o gestor do executivo entrevistado] que deveria estar aprendendo."

6) "Aprender significa mudar, e mudar implica correr riscos. Não queria fazer feio."

Acredito que todos esses cenários nascem de uma relação pouco sadia entre humildade e objetivos de aprendizagem.

[Porque a humildade sem objetivos nos imobiliza, diminui, é muitas vezes autodepreciativa.]

[Mas, sem humildade, a soberba ou uma falsa invencibilidade nos impede de ter objetivos de aprendizagem.]

Costumo utilizar muito em conversas com executivos o conceito de *autoconfiança humilde*. Para liderar, muitos se esquecem disto: a autoconfiança é fundamental. Ela energiza, mobiliza e inspira. Mas o excesso de autoconfiança pode cegar. Para usar uma metáfora conhecida, é como a luz do sol, que ilumina e aquece, mas, em excesso, também pode queimar.

Também amo uma expressão que temos adotado na Atingire: *humildade faminta*! Essa é a humildade que não se acomoda e não se encolhe. Rápida analogia geométrica: o que aprendo é o raio de um círculo, o que descubro ainda não saber é a área do círculo. Quanto mais aprendo, mais descubro o que ainda não sei!

E buscar aprender o que ainda não sabemos até que é fácil. O difícil é aprender o que temos certeza de que já dominamos e, portanto, nem questionamos.

Veja bem, toda qualidade nossa carrega, quando demasiadamente presente, o potencial para ser um defeito. Por exemplo, ser focado em resultados é uma qualidade inegável hoje nas empresas, mas, em excesso, essa orientação nos cega para outras considerações, fazendo-nos dizer: "É assim o certo, e ponto". Na busca obcecada por resultados, passamos a ser aquele trator que atropela as pessoas. Nesse caso, nossa ação deixa de ser fruto de uma escolha consciente, ela se enrijece.

Envelhecer é ter um bando de convicções que, ao se enrijecerem, vão se transformando em dogmas. Há a morte, com a rigidez cadavérica, e a "gradual morte em vida", que é o enrijecimento da alma.

Envelhecer, em resumo, é achar que já sabemos. Pode-se ser idoso e sábio. Velho e sábio, não.

O escritor Guimarães Rosa já alertava para a consequência da acomodação:

["O animal satisfeito dorme."]

A poetisa Adélia Prado já disse:

["Não quero faca nem queijo. Quero a fome."]

Que pensamento sublime! Até poderíamos rezar mais ou menos assim:

["Senhor, dai-nos a fome nossa de cada dia."]

Enquanto permanecermos curiosos, ou seja, *com fome de aprender*, tudo estará bem.

Quando eu era criança, meu pai adorava me propor charadas. E charada de psiquiatra nunca é fácil! Uma delas, jamais esquecida, indagava: qual o primeiro e mais importante elemento necessário para você escapar de uma prisão? Animado, eu disparava opções de resposta: uma corda? Uma serra? Contatos? Então, depois de esgotar uma boa dezena de alternativas, vinha a resposta:

["O primeiro e mais importante elemento necessário para você escapar de uma prisão é ter a consciência de que você está preso!"]

Tradução: saber que sempre há muito que você ainda não sabe.

E, por falar em psicologia, lembro-me de James Hillman, um renomado analista junguiano já falecido. Ele costumava dizer que a nossa sociedade atual, mais do que ser obcecada pelo crescimento – muitas vezes, a qualquer custo e com consequências desastrosas –, conseguia enxergar apenas uma face do desenvolvimento: aquela que implica expansão, ir para o alto, aumentar em tamanho. Mas, argumentava Hillman, se uma árvore quer crescer a sua copa, ela paralelamente também tem de desenvolver suas raízes! E aqui falamos de outra dimensão essencial de crescimento, quase sempre ignorada: aquela que é sustentadora, voltada para o aprendizado.

A palavra humildade, pouca gente se dá conta, está relacionada ao termo "húmus" e, então, à fertilidade do solo. Em resumo, é exatamente isto o que significa humildade na vida corporativa: não é uma atitude subserviente, mas, sim, o reconhecimento de que nenhuma árvore sozinha se basta, ela deve estar constantemente bebendo de novos objetivos de aprendizado para nutrir seu crescimento.

Tenho notado que muitos dos mais produtivos objetivos de aprendizagem se relacionam com o autoconhecimento. Esse é sempre um bom investimento, apesar de frequentemente negligenciado. Muitas vezes, o autoconhecimento se encerra no preenchimento burocrático de algum excelente instrumento de autoavaliação disponível no mercado, não animando, de forma mais ampla e verdadeira, um esforço de aprendizado sincero, desprendido e contínuo do executivo. Como exemplo, faça um rápido teste: tente falar com executivos sobre *sonhos* como um caminho para o autoconhecimento. Aposto que você esbarrará em bocejos ou sorrisos irônicos.

[Pergunta para o psicanalista:
O exercício do autoconhecimento
é um exercício solitário?]

[Resposta: **Muitos esforços de autoconhecimento acabam gerando somente narrativas ficcionais, mais ou menos elaboradas, "minhas" sobre "mim". Exemplo: "Ah, eu sou uma pessoa que sempre amou muito a família".**]

  Cuidado, o verdadeiro conhecimento de si nunca é apenas "auto", no sentido de independente ou isolado do outro. Ele não se inicia sem o outro!
  Na terapia, o papel do outro é do analista. E o que o paciente fala sem pensar (o que, portanto, ele ainda não sabe ou "sabe sem saber") é o material da análise. Quando, por exemplo, o analista aponta que, "sem querer", o paciente trocou o nome da irmã "Marta" por "Morta", isso causa surpresa e abre um campo de exploração para o analisando: "Puxa, por que disse isso?".

Veja, o conhecimento não começou pelo aprofundamento, mas, sim, pela fala superficial, pelo que foi dito sem pensar, e dependeu da percepção do outro, no caso, do analista.

O aprofundamento e o autoconhecimento talvez tenham vindo só depois: "Por que disse isso?".

Esse processo de exploração exige muita coragem. O final da jornada é libertador, mas o percurso é doloroso. Não é por acaso que muitos endossam, medrosamente, o dito de que "ignorância é felicidade".

Por que será que há tanto preconceito de muitos executivos em relação à psicanálise? Será mesmo que eles querem se conhecer?

E, nas empresas, por que será que o *feedback* (que nada mais é que a revelação do impacto do meu comportamento no outro) provoca tanto desconforto?

Imagine que há dois atores engajados na tarefa de interpretar um personagem invejoso. O mau ator simplesmente copia outras pessoas que ele reputa como invejosas. Dessa forma, adiciona outras camadas de gestos e pensamentos a si mesmo. O resultado quase sempre é falso, caricato. O bom ator faz o contrário, ele subtrai. Ele se despe de todas as máscaras até encontrar a inveja que, sim, todos carregamos dentro de nós. E, então, faz "atuar" essa inveja real, verdadeira.

No dia a dia, quando falo de uma pessoa que ela é, por exemplo, invejosa, isso provavelmente diz tanto sobre mim, sobre a projeção de meus sentimentos, quanto sobre uma realidade externa.

Também quando declaro ter encontrado um obstáculo, isso provavelmente também diz mais sobre mim (o que vejo como obstáculos) do que sobre o mundo. Aliás, a natureza não tem "problemas", a definição de que determinada situação representa um problema é sempre uma interpretação subjetiva.

Novamente, é o que eu digo sobre o outro, e para o outro, que eventualmente, depois, permite o conhecimento de mim.

E mais: o que chamamos de "eu" é simplesmente uma coleção variada, e não raramente conflitante, de impressões de experiências advindas de outras pessoas: pai, mãe etc. Quando dialogamos com alguém, muitas vezes, estamos conversando com esse mesmo pai, essa mesma mãe etc.

É complicado, mas o outro está sempre presente nesse processo que muitos chamam orgulhosamente de autoconhecimento!

Os conceitos de "humildade" e "objetivos", que para alguns, à primeira vista, podem parecer opostos, na verdade, integram-se, gerando uma tensão positiva, que dá a partida e alimenta todo o processo de aprendizagem.

Sou um apaixonado por futebol. Mas só há pouco tempo descobri que foi Nelson Rodrigues – talvez o mais brilhante cronista esportivo da história deste país (além, claro, de teatrólogo, novelista etc.) – o primeiro a chamar Pelé de "rei". Foi uma crônica antológica, na qual, quando Pelé tinha apenas 16 anos, Nelson Rodrigues já identificava no precoce jogador uma realeza transbordante, uma autoconfiança que transpirava da cabeça aos pés. Ao mesmo tempo, está documentado que Pelé, ao longo de sua carreira, era quase sempre o primeiro a chegar e o último a sair dos treinos da equipe que defendeu em quase toda a vida, o Santos.

Pois bem, a autoconfiança de Pelé não era a certeza arrogante do "já sei tudo", e sim aquela calcada na confiança de ser capaz de aprender, com dedicação e determinação, tudo o que precisava para ser bem-sucedido.

A humildade é também aparentada com o bom humor, um dos primos mais próximos da sabedoria. Nunca confunda bom humor com falta de seriedade e profundidade. Lembro-me de uma crônica inesquecível do Paulo Mendes Campos. Ele dizia que devíamos ter sempre conosco três caixas de bom humor. Uma maior, com o bom humor para gastar no dia a dia, com os outros, na rua. Outra de tamanho médio, para aqueles momentos em que estamos sozinhos, com dó de nós mesmos. Finalmente, uma terceira caixa, pequenininha, para usar nas perigosas grandes ocasiões, em que o orgulho excessivo nos invade e nos achamos melhores que a humanidade ou acreditamos que a independência e o controle totais são possíveis. Nunca ouvi um conselho tão bom, ainda que sempre haja uma considerável distância entre o que a gente sabe e o que de fato pratica. Dedicar-se com humildade, para gradualmente encurtar essa distância, talvez seja uma das formas mais sublimes de aprendizado.

No modelo de expertise em aprender que este livro propõe, a palavra "objetivos" aparece com um duplo sentido. O primeiro, já exposto, é o da criação autônoma de objetivos de aprendizagem. Em Academias de Liderança coordenadas pela Atingire, costumo fazer uma pergunta que normalmente desconcerta os executivos presentes: "Qual o seu objetivo de aprendizagem nesta semana?". É engraçado como eles trabalham com todo tipo de metas profissionais, sabedores de que, sem metas, fatalmente os resultados serão medíocres, mas não aplicam esse mesmo raciocínio no próprio aprendizado! Quando muito, falam sobre interesses vagos em se aprofundar em determinado assunto no futuro. Além de pouco específicas, essas intenções nunca poderiam ser chamadas de metas, porque nem sequer esboçam um raciocínio de construção de métricas que poderiam ajudar o executivo a monitorar a construção do seu aprendizado.

Dá para ser diferente? Claro! Por exemplo, um executivo que conheço construiu um projeto pessoal de aprendizado em torno do objetivo "ser um melhor ouvinte". Entre outras coisas, ele tem medido a quantidade de perguntas que faz em reuniões, para explorar a opinião de outras pessoas antes de emitir a sua. E tem também pedido *feedback* constantemente para seus pares sobre a percepção de sua evolução.

Objetivos desafiadores são poderosos instrumentos de engajamento. Todos que já acompanharam a dedicação quase insana de um adolescente às metas crescentes de um jogo de *videogame* sabem do que estou falando. É a frase clássica: "Pai, não posso parar agora, estou quase passando de fase!".

Quase todo mundo sabe que objetivos são poderosos quando se transformam em metas e, portanto, são específicos, desafiadores, mensuráveis e têm um prazo para acontecer. Mas tenho observado que o segredo dos bons objetivos de aprendizagem envolvem também outros componentes menos comentados:

» Eles são poucos. Em diversas Academias de Liderança, pude observar: os participantes mais animados, aqueles que estabelecem cerca de uma dezena de objetivos de aprendizagem, não raramente nem saem do lugar. Como brilhantemente dizia o escritor alemão Goethe: "Foco é a concentração do máximo no mínimo".

» Eles são sacramentados por escrito! Uma pesquisa em Harvard, entre os anos de 1979 e 1989, investigou se os formandos tinham estabelecido objetivos e os traduzido em metas claras, por escrito, para o futuro. Resultado: os 13% com metas não escritas estavam ganhando, em média, o dobro dos 84% de estudantes que não tinham meta alguma. Mas os 3% que tinham escrito suas metas, ao deixar Harvard, estavam ganhando, em média, dez vezes mais que os outros 97% juntos!

» Os objetivos de aprendizado buscam, na maior parte das vezes, estimular a vazão dos talentos da pessoa, ou seja, eles tentam colocar o que ela gosta de fazer, o que faz os seus olhos brilharem, a serviço da empresa. Quando busco corrigir um "defeito", devo almejar não o falso equilíbrio, o do ser razoavelmente bom em tudo, mas, sim, o equilíbrio verdadeiro, aquele do indivíduo que elimina o que impede que seus reais talentos aflorem de forma saudável e enriquecedora e é capaz de dialogar com pessoas que trazem talentos diferentes dos seus. Como já disse um diretor de cinema, um filme espetacular não é feito de muitas cenas medianas, mas de duas ou três cenas maravilhosas e nenhuma tão ruim a ponto de eclipsá-las.

» Até em razão de todo o item anterior, o executivo constrói uma conexão emocional relevante com o objetivo. Em outras palavras, o objetivo pulsa, tem vida. É muito claro o que o executivo perde se não chegar lá ou o que ele ganha se atingir o objetivo. Quando falo "claro", quero dizer que o profissional faz exercícios de se imaginar em um cenário futuro e utiliza essas imagens – claras, nítidas – para tornar mais concreto o valor do movimento que ele pretende realizar.

» Ao mesmo tempo que o objetivo é "puxado" por essas imagens, ele é abastecido e "empurrado" por um propósito. Propósito é o que dá sentido à vida. No dia a dia, é aquilo que nos faz acordar mais motivados para ir trabalhar e embala o nosso sono à noite. O propósito é a crença fundamental de que o nosso aprendizado nos ajudará, de alguma forma, a concretizar uma vocação, que contribuirá positivamente para a sociedade. Muitos executivos sabem *o que* têm de fazer, alguns sabem *como fazer*, mas os grandes líderes são aqueles que trazem um *porquê* maior, ou seja, um propósito. Parafraseando Nietzsche: aquele que tem um *porquê* pode superar qualquer adversidade.

» Finalmente, para tornar forte um objetivo de aprendizagem, parece-me importante entender que será sempre muito sedutora a tentação de atribuir insucessos a outros fatores que não a própria dedicação. Amigos terapeutas – que essencialmente trabalham projetos de aprendizagem com seus pacientes – costumam dizer que a relação entre paciente e analista oscila entre dois extremos absolutamente improdutivos: da *devoção* ("o terapeuta vai provocar mudanças em um passe de mágica, sem qualquer esforço meu") para o *desprezo* ("ele é charlatão, não aconteceu nada, continuo a mesma pessoa"). Fazemos a mesma coisa quando atribuímos a um fator externo, qualquer um, a responsabilidade por nosso insucesso.

Mas vamos falar agora do segundo sentido da palavra "objetivos" no nosso modelo. É o da aprendizagem como objetivo. A distinção aqui é ter sempre presente, nas variadas e inúmeras experiências que a vida nos proporciona, que a aprendizagem é sempre um objetivo! Em outras palavras, a definição útil de objetivos, que orienta a construção de projetos específicos de aprendizagem, não pode fechar a porta para as situações imprevistas e ricas que se descortinam em nosso dia. Alguém pode argumentar: mas, se traço um objetivo de aprendizagem, será que, tal qual um cavalo com uma viseira, não acabo tendo um olhar excessivamente dirigido, que me torna cego a outras oportunidades de aprendizado? Pois é exatamente o contrário que tenho visto ocorrer: quando o profissional finalmente incorpora como parte de seu planejamento a busca de objetivos de aprendizagem, ele fica muito mais sensível e aberto para tudo o que possa alimentar o seu desejo de aprender.

Um trabalho excelente sobre essa atenção constante a oportunidades de aprendizado é o desenvolvido pela psicóloga norte-americana Carol Dweck. Vou tentar explicar resumidamente o que ela tem a dizer sobre o tema.

Uma proposta crucial no raciocínio de Carol Dweck, desenvolvido depois de observar milhares de pessoas em diferentes contextos sociais, é a de que alguns de nós carregam para a vida um *olhar fixo*, ao passo que outros carregam o *olhar do aprendizado*.

Pessoas com o olhar fixo acreditam que a inteligência seja, acima de tudo, fruto de um dom, de talento. Então, ser inteligente (atributo-chave que, para essas pessoas, engloba a capacidade de *performance* em grande parte das competências profissionais) é uma espécie de dádiva genética. Ou tenho ou não tenho inteligência. O cenário é fixo.

Mais um ponto: o olhar fixo gera uma profusão de declarações com os termos "nunca" e "sempre". Por exemplo: "Eu nunca vou conseguir ser criativo"; "ele nunca vai saber como trabalhar em equipe"; "aqui sempre foi assim".

Já o olhar do aprendizado é construído com base na premissa de que a inteligência é fruto de uma carga genética, sim, mas muito também do esforço pessoal de desenvolvimento.

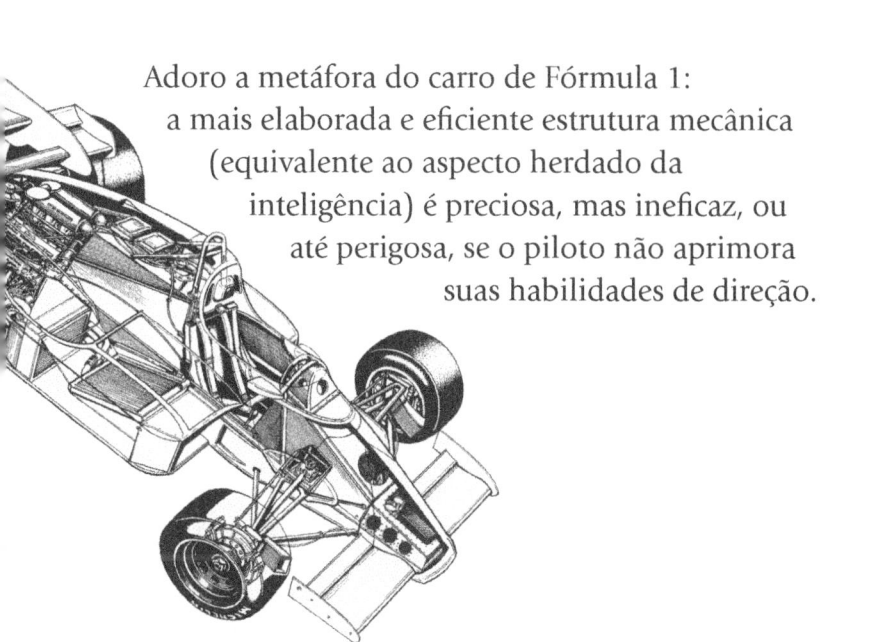

Adoro a metáfora do carro de Fórmula 1:
a mais elaborada e eficiente estrutura mecânica
(equivalente ao aspecto herdado da
inteligência) é preciosa, mas ineficaz, ou
até perigosa, se o piloto não aprimora
suas habilidades de direção.

Em resumo, é possível e necessário aprender constantemente. Aprender é exatamente o que nos inspira, o que nos faz humanos.

E *os conceitos de humildade e objetivos funcionam como dois polos de uma bateria*, gerando a energia para continuarmos, de fato, vivos.

Esta é uma grande verdade: o ser humano mantém a si mesmo pela renovação, pelo aprendizado constante!

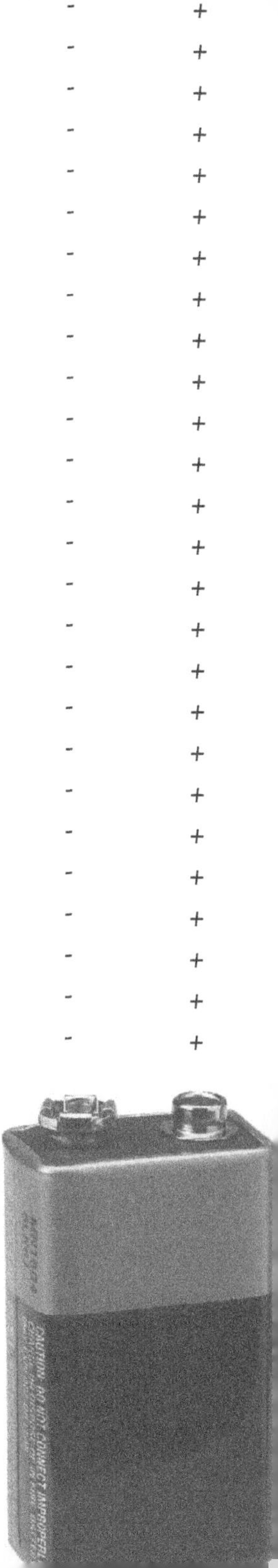
CAUTION, DO NOT CONNECT IMPROPERL

CAPÍTULO 4
Experiências

Você está realmente aberto a novas experiências de aprendizado?
Você sabe quais os três tipos principais de experiência profissional?

As pessoas da minha geração, nascidas no início da década de 1970, com certeza vão se lembrar de um *best-seller* em todas as lojas de brinquedos: "O Pequeno Químico". Era um *kit* fantástico, que incluía 25 reagentes, instruções e os equipamentos necessários para a realização de uma série de experiências.

Depois de esgotadas as experiências previstas, a diversão era conceber e investigar novas possibilidades: o que acontecerá se misturarmos este reagente vermelho com este outro líquido azul e, depois, fervermos tudo?

Puro prazer!

Da minha infância, lembro carinhosamente também de uma cozinheira que frequentava a minha casa para ajudar em grandes ocasiões. Era uma senhora de poucas palavras, sempre com um sorriso no rosto, capaz de preparar uma dezena de pratos complicados sem consultar uma anotação sequer. Sempre tive vontade de convidá-la para brincar de Pequeno Químico comigo, imaginando o que ela não seria capaz de criar. Um dia, ela me contou seu segredo:

> "Não adianta apenas seguir uma receita, tudo o que eu faço, vou experimentando, degustando aos poucos. E, ao mesmo tempo, vou me perguntando: e se eu colocasse um pouco mais deste ou aquele tempero?"

O escritor Rubem Alves magistralmente já falou sobre a conexão etimológica entre saberes e sabores. Tanto que algumas pessoas, especialmente as de mais idade, ainda costumam dizer, quando querem indicar o sabor de um prato: "Ah, que delícia, essa comida sabe a...".

Saberes e sabores: o que eu gosto, eu digiro, eu aprendo!

Em programas corporativos de aprendizagem, já vi muitas pessoas falarem sobre liderança de forma sisuda (sem prazer) e insossa (sem sabor), mas prometendo soluções fáceis.

Sempre gosto de dizer o contrário: o caminho da liderança é extremamente difícil, mas aprender enquanto o percorremos pode e deve ser muito prazeroso e saboroso.

O problema é que muitos de nós, quando adultos, perdemos a paixão pelas experiências.

Vejo que muitos executivos acabam encontrando problemas em suas carreiras justamente por perderem a capacidade de experimentar:

» Eles já não "brincam" de aprender por meio do planejamento e da execução de novas experiências.

» Na verdade, eles até fogem de novas experiências. Exemplo: "Eu não falo em público, porque não sou bom nisso". Ora, tinha de ser o contrário: justamente por não falar bem em público, a pessoa deveria buscar mais experiências dessa natureza!

» Quando não conseguem evitar novas experiências, eles menosprezam sua validade e relevância. E então, ironicamente, tornam-se vítimas do próprio sucesso ao reaplicar mecanicamente o que já deu certo no passado.

» Finalmente, quando algo dá errado, eles se limitam a fazer as mesmas coisas, ainda que com mais esforço e dedicação, confiando cegamente em soluções e caminhos anteriormente utilizados.

Os executivos que são *experts* em aprender fazem o jogo oposto. E são extremamente abertos e proativos em relação a *três tipos principais de experiência*.

1. Tipos principais de experiência:
DESAFIOS

Os desafios são fonte fundamental de aprendizado para os executivos.

O que os *experts* em aprender sabem fazer muito bem é buscar diferentes tipos de desafio em suas carreiras, permitindo a otimização de suas experiências de aprendizado.

Há quatro grandes tipos de desafio:

A. Trabalhar com outras pessoas, áreas e/ou culturas.

B. Trabalhar com projetos mais difíceis; em outras palavras, fazer o que você faz hoje, mas em uma escala maior.

C. Trabalhar com desafios mais complexos: aqui você passa a aplicar conhecimentos e competências que fazem parte de um nível de liderança acima do atual.

D. Ter diferentes níveis de responsabilidade: observando (outras pessoas experimentando!), participando ativamente de um determinado projeto ou sendo o principal responsável por sua execução.

Claro que esses caminhos podem ser mesclados, criando combinações muito variadas. Por exemplo: você pode vir a ser responsável pelas operações em uma região e não apenas em uma cidade (B), mudando da área de vendas para a de *marketing* (A) e sendo também o responsável direto por coordenar um comitê de formulação das estratégias de inovação da empresa (C, D).

Outro exemplo: recentemente, um executivo me disse que acreditava que os "chefes ruins são muito mais comuns que os bons" e, por isso, ele se sentia um felizardo por trabalhar com o mesmo "ótimo" chefe há sete anos. O que você acha? Eu discordei do meu colega. Sabe qual é, na verdade, o tipo de líder mais comum? É aquele que, como você e eu, tem qualidades e defeitos. E nós aprendemos observando (D) tanto a exibição de uns quanto a de outros. Não se dar a oportunidade de ser impactado por outros "chefes" em ação (A) é perder a chance de experimentar a variedade de caminhos para a liderança e seus respectivos possíveis resultados. Aliás, alguns dos melhores líderes que conheço foram aqueles que viveram na pele o que "não deve ser feito" e, refletindo sobre isso, moldaram-se num tipo diferente de profissional.

De qualquer forma, o difícil equilíbrio é não ficar muito tempo com o mesmo tipo de desafio e nem tão pouco tempo que não possa aprender com o resultado das ações empreendidas por você ou outras pessoas. E sempre buscar desafios crescentes.

["Experiência é o que você obtém quando não obteve o que queria!"]

Brilhante aforismo de Randy Pausch, ex-professor da Universidade Carnegie Mellon.

Erro é tudo

aquilo

QUE

não nos

ensina nada

Desconheço a fonte deste último pensamento, mas talvez ele seja o mais importante. É a história de alguém que, morrendo de medo, teve a primeira chance de aprender a esquiar. Ao longo de todo dia, esforçou-se ao máximo, numa dedicação total para fazer tudo certo. O resultado: milagrosamente não sofreu nenhuma queda (pelo menos, nenhuma grande queda). Então, esse nosso aluno não resiste e se gaba do fato com o instrutor no final da prática. A réplica foi inesquecível:

["Pena que você não caiu, com certeza, aprendeu muito menos do que outras pessoas que se permitiram errar mais no primeiro dia."]

Líderes são mestres em encontrar sentido e aprendizado em todo tipo de experiência de vida. Não só nos erros que povoam a nossa atuação empresarial, mas, também, e talvez especialmente, naqueles acontecimentos de natureza quase traumática. Esse tipo de experiência, para o líder, costuma provocar uma profunda reflexão sobre a própria identidade e os próprios valores. Dessa vivência, o verdadeiro líder renasce com ainda mais vontade de continuar aprendendo e servindo. A chamada "resiliência" não tem como causa uma força de vontade inquebrantável (essa talvez seja muito mais um sintoma), ela brota e se alimenta de um profundo processo de autoconhecimento e de uma paixão infinita por aprender. E, ao contrário do conceito original do universo da física, a verdadeira resiliência comportamental não significa "voltar a um estado anterior após intensa pressão", mas, sim, retornar mais forte ainda, crescer.

Há algum tempo, li um livro delicioso, chamado *A geografia da felicidade*, de Eric Weiner. Baseada em pesquisas que indagam de cidadãos de diferentes nações se, por exemplo, ao longo de um dia, eles tiveram mais momentos alegres ou tristes, essa obra aponta que um dos países mais felizes do mundo é a Islândia. Senti que o autor compartilhava da minha surpresa e se sentia obrigado a buscar explicações. Islândia?

Pois é, uma hipótese aventada pelo escritor é que nesse país viceja uma cultura que encoraja fortemente a experimentação, pondo menos ênfase na distinção entre sucessos e fracassos, já que toda experiência traz aprendizado. Uma consequência factual dessa cultura, apenas como exemplo: na Islândia, quase todo mundo produz literatura. Veja só: 10% da população já publicou um livro! São pouco fortes as restrições censuradoras que conhecemos aqui no Brasil, como:

["Ah, mas eu não escrevo bem"

ou

"Ah, mas eu nunca estudei poesia".]

2. Tipos principais de experiência:
CONVERSAS RELEVANTES

Não é novidade dizer que uma grande inspiração para as escolas modernas foram as fábricas e o modelo de produção industrial capitalista. O paradigma que emerge desse cenário é de que o conhecimento é um produto e seu sistema de comercialização se organiza em torno de atores bem-definidos: produtores (cientistas), distribuidores (professores) e consumidores (alunos).

Você conhece as implicações. Consumir significa aqui receber passivamente, absorver disciplinadamente o conhecimento. Classe boa, nesse contexto, é classe quieta. O silêncio sugere concentração e eficácia máxima no aproveitamento do tempo; é o oposto da conversa, rotulada como sinônimo de dispersão e foco de desperdícios.

Isso me faz pensar: será que, então, o nosso processo de educação também não é influenciado por outra instituição mais antiga que, durante séculos, ao longo da chamada Idade Média, foi o bastião da preservação do conhecimento no mundo ocidental? Alguns leitores já devem ter adivinhado. Estou, sim, falando dos mosteiros! No mosteiro, a fala corrompe, o diálogo contamina a reverência exigida a textos consagrados. Debatê-los seria uma heresia. Valorizam-se o silêncio e o isolamento da "vida prática das cidades". O objetivo não é gerar conhecimento, mas mantê-lo. São muitas as semelhanças...

Digressões à parte, o que vemos nas escolas hoje é o discurso, mesmo que camuflado, de que os melhores alunos são aqueles calados, estáticos ou que só falam quando são indagados. É o império da ordem, o resto é classificado de bagunça. Perdeu-se a maravilhosa experiência da argumentação, da disputa de ideias, que tanto caracterizou experiências incríveis de ensino na história da humanidade: das academias gregas até a metodologia inicial centrada no debate nas universidades surgidas no século XII.

Era por meio da conversa, do questionamento, que o conhecimento emergia. Que triste. A palestra, por exemplo, que em grego originalmente significava um local para esportes de luta física – e que, por extensão metafórica, passou a significar o embate de conceitos – tornou-se hoje um monólogo. Às vezes divertido, às vezes inspirado, mas sempre um monólogo.

Vamos agora para as empresas. Lá, estamos o tempo todo nos comunicando: por telefone, pessoalmente, via internet. Mas, em qualquer período que você escolher analisar, eu sou capaz de apostar que poucas dessas interações caracterizam o que podemos chamar de conversas relevantes.

Pode reparar: normalmente, quando nos comunicamos no mundo corporativo, estamos tentando argumentar a favor de uma determinada linha de ação, estamos cobrando a realização dessa ação ou explicando-a.

Conversas relevantes são diferentes, são centradas no aprendizado. As perguntas que orientam esse tipo de diálogo são "o que aprendemos com isso até agora?" e "como podemos aprender mais para chegar aonde desejamos?".

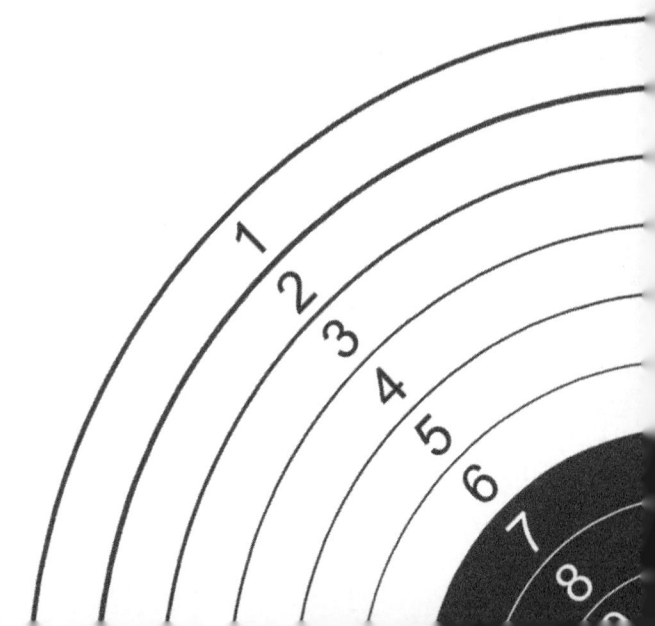

O trabalho com *coaches* organiza-se ao redor de questões como essas. Reuniões de aprendizado – de equipes de sucesso, que conduzem um determinado projeto – também.

No livro *The four colors of business growth*, o escritor Anjan Thakor mostra dados de pesquisas que indicam que aquelas raras equipes de real alta *performance* realizam encontros em que a taxa de afirmações em comparação com a de perguntas é de 1 para 1. Já nas equipes de baixa *performance*, essa proporção pode chegar a 1 para 0,05!

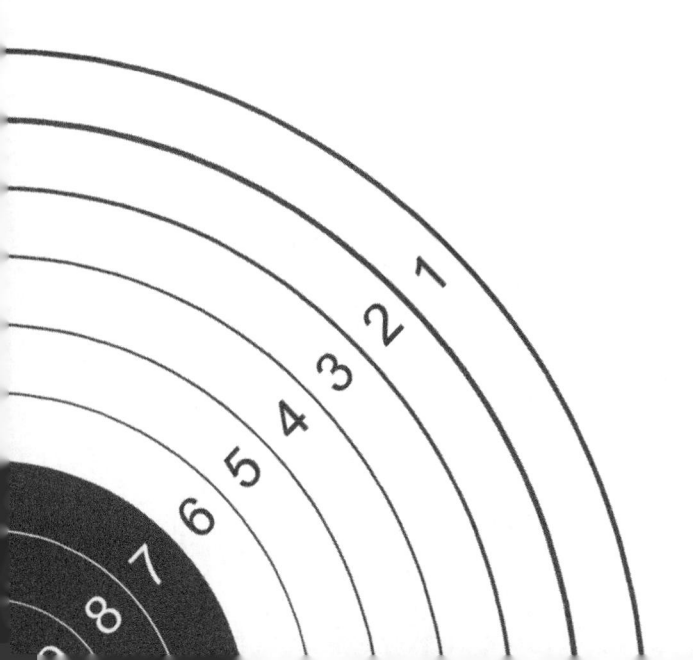

"Vivendo, se aprende;
mas o que se aprende,
mais, é só fazer outras
maiores perguntas."

GUIMARÃES ROSA

Mas, infelizmente, já não sabemos perguntar. Pense na sua relação com seus melhores amigos ou com aquelas pessoas que, por sua experiência, exercem, quase sempre informalmente, o papel de mentoras para você. Outro dia, cataloguei os principais tipos de interação que mais frequentemente estava tendo com meu pai, um desses mentores. O resultado foi engraçado e iluminador. Eis os assuntos mais comuns dos nossos bate-papos:

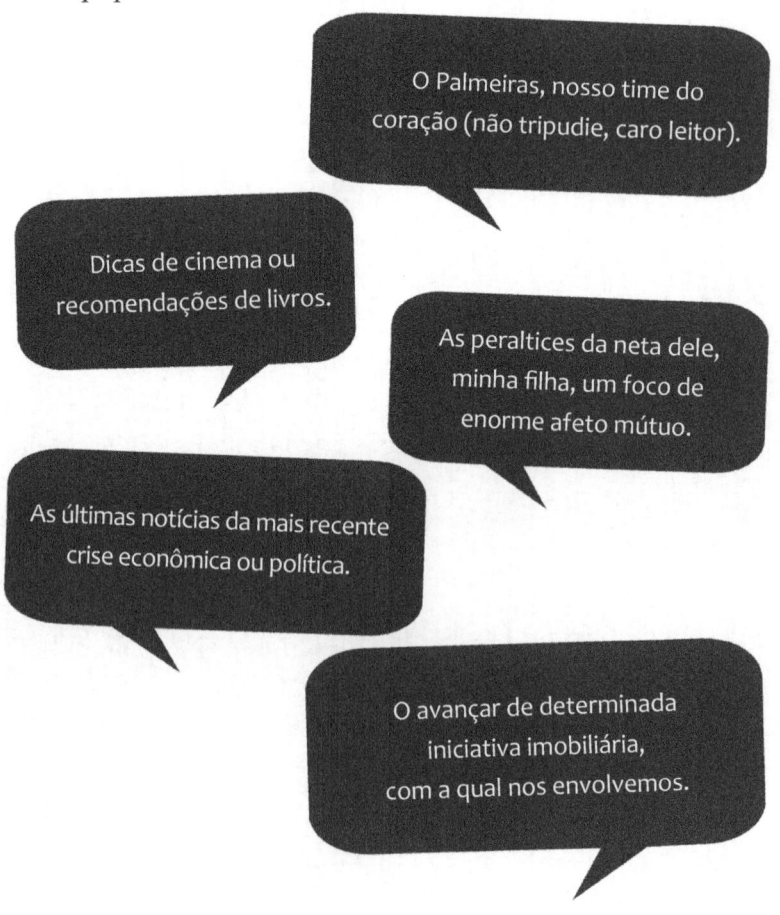

> O Palmeiras, nosso time do coração (não tripudie, caro leitor).

> Dicas de cinema ou recomendações de livros.

> As peraltices da neta dele, minha filha, um foco de enorme afeto mútuo.

> As últimas notícias da mais recente crise econômica ou política.

> O avançar de determinada iniciativa imobiliária, com a qual nos envolvemos.

Agora indago: quantas dessas são conversas relevantes? Nenhuma!

No entanto, são esses os temas que povoam as nossas conversas: amenidades do cotidiano, troca de impressões sobre pessoas conhecidas (amadas ou não), discussão de projetos... Perdemos a capacidade de conversar para aprender!

Aqui vai um exemplo de provocação, de uma instrutiva conversa relevante recente:

["Pai, quando chegamos aos 70 anos, conseguimos finalmente aceitar todas as escolhas que vamos fazendo ao longo da vida e o que, enfim, nos tornamos?"]

Dá para sentir a diferença e imaginar o quanto aprendi com a difícil, mas saborosa, conversa que se seguiu?

E atenção, aprender aqui não significa receber a verdade em uma bandeja de prata. Pelo contrário, nada mata mais uma boa conversa que a verdade absoluta. Essa verdade, do tipo "é assim e pronto", é definitiva, encerra a procura e a troca, silencia a curiosidade. Amo o aforismo do escritor francês André Gide:

["**Acredite naqueles que buscam a verdade. Duvide daqueles que a encontram.**"]

Para concluir, claro que não adianta fazer boas perguntas e não estar disposto a ouvir. Se todos falam e perguntam, quem ouvirá?

Prestar atenção, e sinalizar essa atenção, é condição necessária, mas não suficiente. Há uma distinção importante entre o mero foco na pessoa (atenção) e a disciplina de adotar o foco da pessoa para entender: como ela enxerga o mundo? Dada a sua experiência, o que ela sente e está tentando comunicar? O que eu posso aprender com ela?

Em resumo, e contrariando o senso comum, o grande comunicador não é aquele que sabe e fala, mas o que pergunta e escuta.

3. Tipos principais de experiência:
ARENA DE *INSIGHTS*

Lembro-me de um colega executivo que costumava comentar com orgulho:

["Sou uma pessoa muito focada, não perco tempo com cursos ou livros que não falem sobre gestão e negócios."]

É apreciável o foco dessa pessoa, e acompanhava ao vivo como ela era capaz de trazer valiosos *insights* para seu dia a dia.

Mas será que ela não deixava ricas possibilidades de lado?

Eu adoro ler. Adoro não, amo. E, para o desespero da minha esposa, os livros foram se acumulando em casa. Em todos os lugares. Há alguns anos, fui obrigado a fazer uma promessa: todos os livros teriam de caber nas três enormes estantes do meu escritório, se não houvesse mais espaço e se algum novo livro chegasse, outro teria de sair.

Esse acordo forneceu o estímulo necessário para eu organizar as tais estantes. Acabei descobrindo que, *grosso modo*, tinha em quantidade semelhante três tipos principais de livros: literatura, ciências comportamentais (antropologia, psicologia etc.) e gestão. E, o mais interessante, comecei a notar que, muitas vezes, os *insights* sobre gestão vinham dos outros dois tipos de livro!

Faz todo sentido. Era ali que conseguia munição para enxergar as coisas de novos ângulos, e era esse movimento que configurava uma real experiência de aprendizado.

Essa busca de outros olhares é o que justifica o crescente interesse das empresas por palestras de filósofos, diretores de teatro, esportistas etc.

E há muitas outras arenas de *insights* à disposição do executivo. Por exemplo: o que empresas de outros mercados estão fazendo? O que empresas do mesmo mercado, mas de diferentes países, estão realizando?

Ah, antes de acabar este capítulo, vale dizer que as tais estantes de casa geraram até um livro, chamado *O executivo que gostava de ler*, que publiquei junto com um amigo, o Fabio Paiva, em 2009. Nesse livro, narramos uma história de personagens que dialogam em torno de 50 trechos de obras consagradas da literatura e seu paralelo com o mundo corporativo. Falamos de inovação a partir de José Saramago, de *marketing* com com base em Gabriel García Márquez, e por aí vai.

Depois, em 2011, nasceu a minha primeira filha, a Bruna. Então, escrevi para ela a cartinha a seguir.

Pois é, as experiências de aprendizado vêm continuamente e de todos os lados. Que bom!

Filha,

Não acredite em quem diz que ler é uma atividade solitária. Bobagem. Quando lemos, a gente aprende com o autor, seus personagens, e por meio deles falamos conosco e com pessoas que passaram pela nossa vida. Esse é o significado mais profundo de ler.

O papai grifou, dobrou, amassou, sublinhou e comentou cada um dos livros citados. Quem falou que não podemos riscar os livros? Veja bem, a gente não deve tratar nossos convidados com excessiva reverência.

Escolhi esses 50 livros da seguinte forma: todos eles me deixaram completamente assombrado em uma primeira leitura e, em leituras subsequentes, continuaram trazendo um renovado prazer e inspiração. É isso aí: fascinação e vontade continuada de reler. Se você pensar bem, todas as verdadeiras histórias de amor são assim.

Tentei não me preocupar em identificar "os livros mais importantes da história da literatura"... As listas oficiais são úteis para nos provocar e estimular a abertura para o outro, coisas muito importantes. Mas o que conta mesmo, filha, depois de você ler muito, sempre será a sua lista.

Uma tentação, enquanto escrevia o livro, era "jogar um pouco para a torcida", hoje enxergo bem isso. Esse exercício sempre é difícil, Bruna: todos (especialmente aqueles que negam que isso acontece com eles) estão sempre tentando impressionar os outros.

Há nessa lista livros com textos de extensão variada: contos, romances e novelas. Mas atenção, filha: nunca julgue um livro pelo seu peso ou qualquer tipo de obra (e pessoa) pela sua suposta imponência. O que conta mesmo é autenticidade e relevância. E esses dois critérios são absolutamente correlacionados.

A lista é de literatura, não aparecem livros maravilhosos de psicologia, filosofia, história... excluí também teatro, biografias... puxa, agora a lista está pronta, mas já me arrependi de seguir essas convenções ingênuas, que organizam o mundo em compartimentos estanques. Até as estantes de casa atualmente seguem essas regras, prometo que vou falar hoje mesmo com sua mãe e bagunçar tudo de novo. Filha, de alguma forma, é tudo literatura, ou seja, discussões sobre o que é o ser humano e o que é a vida.

Ah, claro que essa lista de 50 livros não é definitiva para mim. Se fosse, o papai teria deixado de aprender, o que, no fundo, é deixar de viver. Compartilhar o prazer de aprender talvez seja o único sentido da vida, Bruna. E é uma das formas mais bonitas de demonstrar nosso amor por alguém. Eu te amo, filha.

Beijo, papai.

CAPÍTULO 5
Pensamento

O quanto você tem refletido para compreender e questionar suas experiências, gerando perguntas e hipóteses que ensejem novas experiências de aprendizado?

Você sabe refletir? Você tem senso crítico? Você pensa de forma sistêmica?

"Por infelicidade não há nada mais difícil de reproduzir em literatura do que um homem que pensa. Um grande descobridor, quando certa vez lhe perguntaram como conseguia ter tantas ideias novas, respondeu: 'Pensando nisso o tempo todo'. E, com efeito, pode-se dizer que as ideias inesperadas só aparecem porque esperamos por elas. Constituem em grande parte um resultado positivo do caráter, de inclinações constantes, de ambição persistente, de ocupação incansável. Como deve ser monótona essa persistência! Por outro prisma, a solução de um problema intelectual não acontece de modo muito diferente do que quando um cão, levando um bastão na boca, quer passar por uma porta estreita; ele vira a cabeça para a esquerda e a direita, até o bastão entrar, e nós agimos de modo muito parecido, apenas com a diferença de que não tentamos fazer isso de modo inconsciente, mas, pela experiência, já sabemos mais ou menos como proceder. E embora uma cabeça inteligente tenha muito mais habilidade e experiência nos movimentos do que uma cabeça tola, a solução também para ela chega de forma inesperada, acontece de repente, e sentimos com vago espanto que os pensamentos se fizeram por si, em vez de esperarem pelo seu autor. Essa sensação de assombro é o que muita gente chama hoje em dia de intuição, depois de antigamente a chamar de inspiração, e acredita dever enxergar nela algo de suprapessoal; mas é apenas algo impessoal, isto é, a afinidade e solidariedade das próprias coisas que se encontram dentro de uma cabeça."

Trecho da obra *O homem sem qualidades*, de Robert Musil. Esse trecho faz parte do livro *O executivo que gostava de ler*, mencionado no capítulo anterior. Para quem se interessou, o livro completo pode ser acessado em www.atingire.com/o_executivo_que_gostava_de_ler.

Um dos meus irmãos teve a fascinante experiência de trabalhar na Índia. Entre dezenas de outras, ele conta uma história muito interessante. Nas empresas brasileiras, não nos sentimos incomodados em interromper alguém que está sentado na sua cadeira, olhando para o vazio. Se formos um gestor do cidadão em questão, provavelmente nem nos sentiríamos melindrados em dizer qualquer coisa assim:

["Fulano, já que você não está fazendo nada, aproveita então e me ajuda com esse relatório."]

Em outras palavras, no Brasil, e talvez em grande parte do Ocidente, a ausência de movimento implica a percepção de baixa produtividade e é rapidamente interpretada como inação. Pois bem, na Índia, é justamente o inverso. Quem está envolvido em trabalhos manuais é que pode ser interrompido. Quem está pensando, não. Essa pessoa é que está trabalhando de verdade, como muito bem escreveu Robert Musil!

Não é novidade para ninguém que qualquer executivo hoje tem, à distância de um *click*, uma infinidade de dados e informações. Uma consequência perigosa é que muitas propostas e apresentações, que se pretendem cheias de *insights*, são apenas um compilado enfadonho de números e tabelas. Para evitar confusão, vamos diferenciar as coisas, com base em exemplos:

» Dado: constatar que consumidores comem frutas e iogurtes hoje no café da manhã e no lanche da tarde é um exemplo de dado.

» Informação: comparar o dado anterior com outros, históricos, sobre o mesmo tema e descobrir que esse consumo vem aumentando é uma informação a ser considerada na organização e estruturação de uma análise.

» Análise: relacionar uma informação com outras, mostrando uma tendência de preocupação maior em se alimentar bem é análise.

» *Insight*: basear-se em dados, informações e análises e construir um raciocínio capaz de, por exemplo, "mudar o jeito de enxergar a relação do consumidor com uma empresa, apontando oportunidades de negócio" é um *insight*. A Danone, neste nosso exemplo específico, desenvolveu o seguinte *insight* ligado a uma série de dados, informações e análises, entre eles os mencionados anteriormente: "Quando equilibramos nosso organismo por dentro, isso se reflete por fora".

Insights exigem tempo. Como Musil, acredito que há algo em mim que processa os dados da percepção sensorial, principalmente aqueles que percebo sem saber que os percebi. Esse processamento muitas vezes se dá fora da minha consciência, até que, em um dado momento, sou "informado do resultado". Se eu souber esperar, tolerar o desconhecido, o não saber, algo em mim acabará iluminando a minha consciência. Esse é um jogo que exige paciência: brincar com o problema, abandoná-lo por um tempo, voltar a manuseá-lo...

Insights são a concretização de uma tarefa suprema da liderança, que é dar sentido à complexidade. *Insights* transformam o caos e a quantidade (de dados, informações etc.) em direção e qualidade. Como alguém já disse de forma bem-humorada: encontrar um verdadeiro *insight* é como finalmente abrir a porta da geladeira, faz-se a luz!

Fonte: Radosław Drożdżewski, 2013 (http://commons.wikimedia.org)

Pode reparar, na próxima vez em que você estiver enfrentando uma fila: nós, brasileiros, quando o nosso movimento é interrompido, somos consumidos pela ansiedade em torno de quando poderemos finalmente nos mover ou tentamos desesperadamente distrair a mente, para que a ansiedade não nos corroa.

No intenso cotidiano profissional, mesmo quando temos tempo para pensar, não resistimos e somos rapidamente seduzidos por uma vozinha interior que clama: "Para de enrolar, vai lá e faz logo". É cruel, mas é inevitável me lembrar de uma frase do filósofo e educador John Dewey:

["Os incompetentes não suportam o suspense."]

E todo mundo, no final do dia, declara com um tom de indisfarçável orgulho: "Puxa, hoje o dia foi superagitado, não parei de correr".

Em resumo, nós já não pensamos.

Lemos para nos distrair, entreter, saber o que está acontecendo, não para alimentar o pensamento.

Falamos, escrevemos, reunimo-nos, debatemos, vivemos um sem-número de experiências nas empresas, mas não criamos tempo para a reflexão.

Não há tempo para a incubação de novas ideias, para a "afinidade e solidariedade das próprias coisas que se encontram dentro de uma cabeça", como diria Musil.

Eu disse que nós já não pensamos. Claro, isso é força de expressão. A despeito de toda a correria que descrevi, duvido que, em algum momento do nosso dia, deixemos de pensar, até porque essa palavra se refere a uma infinidade de processos mentais, muitos escondidos da nossa consciência imediata.

Nós achamos o pensar tão corriqueiro e simples, que raramente produzimos boas perguntas sobre exatamente o que significa pensar e como podemos pensar melhor. Ficamos contentes em registrar que uma boa ideia surgiu, sem indagar como.

A maior parte do nosso pensamento lida com objetivos e obstáculos, sejam eles físicos ou conceituais. Exemplo: como conquistar uma fatia maior do mercado, ultrapassando os concorrentes? Mas muito mais difícil é o pensamento reflexivo, aquele que explora "como pensamos o que pensamos". Segundo o jornalista e escritor norte-americano Malcolm Gladwell, certa vez, pesquisadores contrastaram num estudo as dicas do tenista Andre Agassi sobre "como sacar" com imagens do próprio em ação. O objetivo era realizar um filme pedagógico com dicas para os tenistas. Por acaso, os produtores do filme perceberam que, na verdade, Agassi não fazia muitos dos movimentos que acreditava fazer durante o saque. Se esse lapso de consciência existe na fala de um atleta sobre seus próprios movimentos, imagine em nós e em nossos hábitos rotineiros.

Na Atingire, temos utilizado jogos de estratégia em programas de desenvolvimento, justamente com o objetivo de aprimorar o que chamamos de três Cs do pensamento reflexivo:

Consciência sobre o pensamento. Aqui, incentivamos o executivo a explorar que caminhos de pensamento ele utilizou no jogo para lidar com os obstáculos e objetivos propostos (quase sempre são esses caminhos de pensamento que ele também emprega no cotidiano corporativo). Esse exercício é também útil para ampliar as possibilidades de ação do profissional, ao permitir que ele conheça processos distintos de pensamento utilizados pelos colegas. Não raramente, registramos mais de uma dezena de opções. Exemplos: criei um plano, dividi-o em partes menores e fui executando uma a uma; fui experimentando várias opções de jogadas, até alguma me proporcionar uma vantagem consistente etc.

Construção de conceitos. Após uma ou duas partidas, o executivo consegue exercer seu poder de abstração e construir conceitos gerais, que podem ser utilizados como princípios estratégicos fundamentais derivados do jogo?

Conexão. A pergunta central neste fundamental terceiro "C" é: como posso testar e/ou aplicar esses conceitos em outros contextos, situações e desafios? Tanto já se escreveu sobre criatividade, mas talvez a questão se concentre em sermos capazes de refletir em torno de duas estruturas simples de perguntas, que se alicerçam em experiências atuais, para mentalmente especular novas possibilidades: "E se conectássemos o que sabemos de X ao desafio Y?"; "Por que não...?".

[Refletir é não ser opaco, é pensar minhas experiências, refletindo para o mundo novas perguntas e hipóteses, que, por sua vez, alimentam novas experiências etc.]

O pensamento reflexivo é também essencial para compreendermos melhor a experiência recém-vivida. Outro filósofo, John Stuart Mill, dizia muito acertadamente que as pessoas costumam confundir familiaridade com entendimento. Vejo isso acontecer diariamente. O executivo trabalha em *marketing* há dez anos e é incapaz de balbuciar uma definição razoável sobre o que é *marketing*. Quantas palavras que povoam o vocabulário corporativo são efetivamente compreendidas? Só para citar dois exemplos:

» Sabemos definir o que é liderar exatamente?
» E o que é competência?

Compreender implica também comparar o que estamos fazendo com essas nossas definições. Muitos de nós até somos capazes de repetir a definição sobre liderança de um prestigiado estudioso do assunto, mas não paramos para refletir sobre uma simples e poderosa questão: o quanto dessa definição, de fato, aplicamos na nossa atuação como líderes? Parece loucura, mas é quase como se criássemos um fosso tácito entre a teoria em que dizemos acreditar e as nossas práticas cotidianas, sem jamais pensar no modo de criar uma ponte entre elas.

Outro motivo que justifica a reflexão é o questionamento das nossas experiências de aprendizado, o que podemos também chamar de "exercer o nosso *senso crítico*".

Questionar experiências, para os mais imediatistas, significa negá-las ou diminuí-las *a priori*. Nada disso. É a disciplina de cavar mais fundo (o contrário de ser superficial). Perdão pela ilustração escatológica, mas é quase sempre salutar seguir a conhecida recomendação dos exames de urina: despreze o primeiro jato!

Senso crítico é o que deveríamos utilizar para avaliar qualquer nova proposta, determinando a relação entre as informações oferecidas, avaliando se a conclusão sugerida realmente se sustenta ou se mais aprendizado é necessário antes de chegar a qualquer conclusão.

Em diversos *workshops* com executivos, trabalhamos quais são as melhores práticas para questionar experiências (as quais, lembrando, surgem principalmente de desafios, conversas relevantes ou arenas de *insights*). A seguir, enumero os caminhos mais citados.

Questionar... o mapa.

Quantas reuniões você já presenciou em que, após mais de uma hora de discussões acaloradas, alguém indaga: "Pessoal, acho que nos perdemos um pouco, qual é o nosso objetivo mesmo?". Em outras situações, o objetivo é apresentado de forma clara pelo líder, mas, em razão de ausência de senso crítico em relação a esse objetivo, a equipe resolve certo o problema errado!

É também importante entender as regras do jogo: quais são os recursos disponíveis? Quais os obstáculos? Qual o prazo? Nas já citadas dinâmicas com jogos de estratégia, vemos frequentemente jogadores interrompendo a partida no meio para fazer perguntas triviais sobre as regras. Total ausência de preparação.

Na vida corporativa, entender as regras não significa assumi-las como imutáveis. Pelo contrário, entender bem as regras é uma condição para poder eventualmente alterá-las. Como já disse um escritor: "É preciso conhecer a fundo o português, para errá-lo com beleza".

Outro ponto é que esse esforço de questionamento muitas vezes revela que algumas regras foram limites tacitamente impostos pelos próprios profissionais, que se veem, então, presos em caixas construídas por eles mesmos, algo que só é rompido quando alguém indaga: "Mas quem disse que não podemos fazer isso?".

Esta última pergunta também se aplica ao número de rotas, de opções de solução com que a equipe trabalha. Quase sempre, o tempo investido na análise de poucas alternativas colocadas na mesa é muito maior do que o dedicado à criação de diferentes caminhos de ação. Tipicamente, alguém diz logo no início da reunião: "Temos duas opções, A ou B". E ninguém argumenta: "E por que não C? Ou D?".

Em resumo, questionar o mapa é importante quando buscamos pensar novas experiências: Sabemos por que queremos chegar lá? São essas, de fato, as condições do terreno e as rotas possíveis?

Questionar... a fonte.

O ponto aqui é não aceitar como fato incontestável, sem demonstrar senso crítico, dados, informações e argumentos. Vale explorar, por exemplo: de onde veio tal afirmação? Em que ela se baseia? Em uma pesquisa? Qual o tamanho e a composição da amostra? Qual o método utilizado?

Por exemplo, é comum alguém mecanicamente afirmar que a globalização dizimou as marcas locais em prol das grandes marcas globais. Mas o que sustenta essa declaração? E se eu disser que estudos mostram que das dez mil principais marcas no mundo em faturamento, apenas cerca de 300 são reconhecidas em mais de sete países? Ou seja, a maioria das marcas mais poderosas do planeta não são marcas globais. Claro, então, alguém pode indagar: mas que estudos são esses e como eles foram conduzidos? Pronto, já estamos em um ciclo de aprendizado que nos leva além das frases feitas! Somos, geralmente, muito ruins com números e probabilidades. Há várias armadilhas aqui, já muito bem-documentadas em diversos estudos. Uma delas: se a experiência é muito marcante, como um acidente de avião que domina as manchetes da semana, ignoro qualquer consideração estatística para apressada e levianamente concluir: "Ah, os acidentes de avião estão aumentando muito".

Costumo dizer que a capacidade de argumentar, envolvida no "questionar o mapa e a fonte", e conhecimentos mínimos de estatística, relacionados ao "questionar a fonte", são como o português e a matemática para o aluno do ensino médio: absolutamente essenciais, mas tristemente escassos no Brasil!

Questionar a fonte também implica tomar cuidado com argumentos amparados unicamente por alguma aura de autoridade. Novamente, tente cavar mais fundo: a pergunta essencial não diz respeito à credibilidade geral do emissor da mensagem, mas, sim, ao que embasa suas afirmações.

E, indo mais além, alguém pode argumentar: mas, se um fato é comprovadamente verdadeiro, então, não há como questioná-lo, "fatos são fatos", não é?

Não é tão simples assim. Vou dar um exemplo. Em agosto de 2013, o famoso biólogo Richard Dawkins postou um polêmico *tweet* afirmando: "Apenas o

Trinity College de Cambridge tem mais prêmios Nobel que todos os muçulmanos do mundo juntos". Após as muitas e intensas reações inconformadas de muçulmanos, Dawkins declarou: "Ora, não sei o porquê de tanta confusão, apenas declarei um fato". O problema é o que esse fato deixava de fora e o que o biólogo escolheu apontar, para fazer uma ilação. Os 32 prêmios Nobel oriundos do Trinity College ganham de vários grupos humanos: negros, brasileiros, africanos etc. Por que o autor do *tweet* escolheu falar justamente de muçulmanos, qual era a sua intenção? E mais, a maioria dos muçulmanos vive em países de condição econômica precária, o que obviamente afeta a produção científica local, antes que qualquer consideração de orientação religiosa possa ser levada em conta.

Questionar... nossas explicações.

O último ponto da situação anterior leva-nos também ao questionamento de nossas explicações. Como exemplo, imagine que o diretor de uma empresa de treinamento dissesse: "Depois que introduzimos um novo processo de ensino, as reclamações dos alunos caíram". Há um efeito, a queda de reclamações, e alguém ofereceu uma causa mais do que plausível, o novo processo de ensino. Parece razoável, não é?

Pois bem, o senso crítico que alavanca o aprendizado buscaria validar essa explicação com um experimento. Poderia, talvez, comparar o número de reclamações de grupos semelhantes de alunos que foram expostos ao novo processo com grupos que não foram.

Além disso, com senso crítico, podemos construir hipóteses, a serem avaliadas, de explicações alternativas:

> » *Outras causas*: o novo processo de ensino pode ter tido um efeito não positivo, e até negativo, mas suplantado por outras causas que, essas sim, foram importantes para reduzir o número de reclamações. Por exemplo, pode ter havido um aumento da cobrança da *performance* dos professores, com atrelamento de parte de sua remuneração a metas de qualidade, e isso colaborou para a diminuição das reclamações.
> » *Aleatoriedade*: quem sabe a diminuição do número de reclamações é simplesmente uma flutuação aleatória, não estando absolutamente relacionada ao novo modelo de ensino.
> » *Coleta*: e se descobrirmos que antes todos os alunos preenchiam um questionário de avaliação na sala de aula, no final do curso, e agora os que desejam reclamar têm que acessar um *site* na internet? Ora, apenas essa dificuldade extra para postar uma reclamação pode ser a razão da diminuição das queixas.
> » *Critérios de mensuração*: e se antes uma reclamação era identificada como qualquer

ponto negativo apontado no treinamento e agora só se classificam como reclamações os pedidos expressos de providências de correção? Apenas essa mudança na forma de mensurar o número de reclamações explicaria a queda.

» *Diferentes universos*: e se a empresa promoveu uma mudança na sua orientação de negócio, passando a lidar com alunos com menos experiência profissional e, portanto, menos rigorosos na avaliação do ensino e menos propensos a reclamar?

» *Números absolutos*: e se o número de reclamações caiu simplesmente porque o número de cursos também decresceu?

É especialmente difícil questionar as afirmações ou explicações revestidas de alguma aparência lógica. Outro dia, ouvi em uma reunião o seguinte raciocínio falacioso: "Os melhores executivos são homens de ação; todos aqui querem ser os melhores, logo temos de agir rápido". Foi tiro e queda: nenhum dos presentes que representava a empresa teve senso crítico para questionar tal afirmação!

Mais complicado ainda é questionar explicações que trazem premissas escondidas. Novamente, um exemplo ajuda. Recentemente, li em uma revista que, em breve, todas as doenças terão sua origem genética mapeada e que, portanto, prevê-se que poderão ser completamente tratadas com intervenções nos genes de cada doente. Parece fazer sentido, não é? Mas há uma premissa escondida e não revelada. E é essa premissa que podemos e devemos questionar: quem disse que a origem de algumas doenças tem apenas algum erro genético como causa? Doenças como a depressão não têm outras causas?

Questionar... minhas opiniões.

Cuidado com o viés confirmatório. Quando temos uma opinião (sempre temos!), tendemos a descartar como irrelevantes todos os fatos que possam contrariá-la, fechando a porta para a necessidade de aprendizado. Na discussão de projetos, adoro a sugestão de conduzir uma sessão *post mortem*. Basta propor o seguinte exercício de imaginação: "Pessoal, já se passaram 12 meses e o projeto foi um fiasco. Digam-me, o que deu errado?". Essa é uma ótima provocação para incentivar o questionamento de nossas certezas, muitas vezes prematuras e não alicerçadas em experiências sólidas de aprendizado.

Há um conto famoso de Machado de Assis, chamado "Ideias de canário", que reforça a importância de assumirmos uma postura aberta, com distanciamento crítico e sem preconcepções ao observar o mundo. O personagem do conto é um canário que, de dentro de uma gaiola pendurada numa loja, solenemente declara: "O mundo todo é um grande balcão de mercadorias e todo o resto é ilusão". Um tempo depois, a gaiola é colocada em um jardim e, então, o canário declara: "O mundo todo é um campo de flores e todo o resto é ilusão". E assim por diante. Essa história mostra o significado último da expressão "ponto de vista". Muitas vezes, ficamos presos a um determinado jeito de ver o mundo, e precisamos assumir uma postura capaz de nos libertar de nossas gaiolas mentais.

Questionar... as etiquetas compartilhadas.

Usamos rótulos para classificar nossas experiências. Elas podem ser etiquetadas como ultrajantes, enriquecedoras, decepcionantes, iluminadoras... há um sem-número de adjetivos que podem ser utilizados. Escolher como representar uma determinada experiência afeta o modo como lidamos com ela, indica que facetas da experiência são dignas de aprendizado e impacta outras experiências que associaremos como similares em futuros esforços de reflexão. É inevitável utilizar etiquetas, somos animais catalogadores por definição. A recomendação é na direção de explorar diferentes possibilidades e especialmente ter cuidado com aquelas etiquetas compartilhadas por todos, que nunca foram questionadas.

Questionar... a minha memória.

Até mesmo a experiência que trazemos de nossas lembranças pode ser questionada. Jean-Didier Vincent, no livro *Viagem extraordinária ao centro do cérebro*, fala sobre os sete pecados da memória. A distorção, por exemplo, faz que nossos conhecimentos e nossas crenças atuais influam nos modos de rememoração do passado! Como diz o autor, "temos o costume de remanejar ou recriar totalmente nossas experiências anteriores (sem nos darmos conta e/ou inconscientemente) para fazê-las ficar de acordo com nossas convicções presentes (...) as interpretações falseadas que resultam dessas revisões dizem mais a respeito de nossos sentimentos de hoje do que sobre o que aconteceu no passado".

É muito forte a tentação de examinar a experiência apenas com os "óculos" do cargo que ocupamos. Se atuo na área de *marketing*, aplico conceitos de *marketing* para entender e criar experiências. Se sou um profissional de vendas, uso o ferramental de vendas. E assim por diante.

É fácil também confundir correlações e causas. Isso acontece quando achamos que uma coisa causou outra simplesmente porque as duas aconteceram juntas ou sequencialmente. Há vários exemplos clássicos. O meu preferido diz respeito a uma pesquisa que indicou que o aumento do número de igrejas em determinado território foi acompanhado pelo aumento do consumo de uísque. Nossa tendência automática é buscar explicações causais, por mais absurdas que sejam: "Ah, a bebida incentiva estados emocionais que estimulam o fervor religioso". Obviamente, a resposta mais simples é que houve um aumento da população nos territórios estudados, com o consequente crescimento de muitas coisas, entre elas o número de igrejas e de garrafas vendidas (efeitos correlacionados, mas sem relação causal).

Outro comportamento cotidiano é, com olhar estreito, atacarmos apenas os efeitos e não as causas de um problema. É aquela coisa: lidar com a febre e ignorar a infecção!

Todas essas armadilhas – e tudo o que este capítulo propõe sobre o pensamento que compreende, questiona e cria novas experiências – estão relacionadas a um dos assuntos mais debatidos nas empresas hoje, a visão sistêmica.

Aliás, visão sistêmica é mais uma daquelas expressões pouco entendidas, mas muito mencionadas (não é nova, mas nas empresas continua "na moda").

Veja, então, para encerrar este capítulo, uma relação de dez ideias essenciais sobre o *pensamento sistêmico*, preparada por consultores da Atingire:

Sistema é um conjunto de fatores interligados, que, juntos, cumprem funções específicas.

Em algum nível, tudo está interligado: *marketing*, finanças, recursos humanos... Resolver um problema "de *marketing*", por exemplo, quase sempre implica envolver outras áreas da empresa, para ver o TODO.

E vale uma dica aqui: questões fundamentais comuns, como qualidade total, custos e inovação, quase sempre implicam um olhar para além de um único departamento!

Esse pensamento sistêmico amplo pode e deve incluir atores de fora da empresa: clientes, fornecedores, concorrentes etc. Uma empresa cujos sistemas não estejam interessados em trocar informações com outros sistemas exteriores poderá atrofiar e desaparecer.

Acredite, a maioria dos sistemas em uma empresa é aberto, ou seja, troca informações e "energia" com outros sistemas.

Pense, então, para além dos limites do seu escopo de trabalho, a fim de obter, assim, uma compreensão mais clara do que está acontecendo. Acima de tudo, ouça atentamente o que todos têm a dizer.

Pense bem, você é um subsistema de uma família, que é um subsistema de uma sociedade. Você é também um subsistema do seu departamento, que é um subsistema da empresa, que também é um subsistema da sociedade. Ao mesmo tempo, dentro de você, há vários subsistemas: o respiratório, o digestivo etc.

Sempre que surge um problema (que nada mais é que uma disfunção de algum sistema, uma disfunção que produz um resultado indesejável), uma questão fundamental é: qual o nosso alvo? Em outras palavras, quão amplo deve ser o nosso olhar?

Esse é um momento crucial do pensamento. Exemplo:

» Em uma reunião, ao ser dito "não estamos conseguindo atender à demanda de vendas", alguém pode declarar: "Estamos com falta de capacidade de produção". Bom, essa afirmação delimita um alvo, o sistema de produção. Em decorrência, as sugestões de ação fatalmente envolverão aumento da linha de produção ou compra de fábricas.

» Mas e se alguém perguntasse "por que somos incapazes de atender à demanda de vendas?". Esse olhar mais amplo pode chamar a atenção para outros sistemas, como, por exemplo, o de qualidade total: "Cinco por cento dos produtos que produzimos são rejeitados, por problemas de especificação. Há uma oportunidade aqui: menos produtos rejeitados significam mais produtos para atender à demanda!".

Exemplo: quem reclama do chefe não entende que é corresponsável por criar uma relação ruim com ele. Ou a pessoa que reclama da corrupção no país não entende que ela também a reforça quando oferece propina. Em resumo: você não é um observador independente, é parte do sistema.

3 – VOCÊ QUASE SEMPRE É PARTE DO SISTEMA.

Como entender o funcionamento de um sistema? Um método fundamental, que vai além da identificação das partes do sistema, é entender a relação entre o sistema e outros sistemas.

Vale aqui um exemplo:

» Se alguém diz que as vendas não vão bem, é importante, claro, entender quais os componentes do sistema de vendas: os vendedores, o estabelecimento de metas, os incentivos financeiros etc.

» Mas é importante também avaliar a relação com outros sistemas que afetam vendas! O sistema de comunicação, por exemplo, pode não estar trazendo uma mensagem impactante, causando poucos *leads* de venda. Ou o sistema de qualidade pode não estar nos proporcionando um produto com uma relação custo/benefício competitiva.

Em outras palavras, mais do que apenas identificar as partes, a análise sistêmica tem seu foco na interação entre essas partes. Qual é a dinâmica dessa interação? Que forças ou motivações atuam para moldar essa interação? Quais as consequências?

Exemplo clássico: guerra de preços. Uma empresa baixa os preços para conquistar mais mercado. A principal concorrente é, então, constrangida a fazer o mesmo para não perder seus clientes. Esse movimento incentiva uma nova queda geral de preços e o resultado é uma espiral descendente, com consequências nefastas para todos os atores do sistema (até para os clientes, que passam a contar com serviços de pior qualidade).

O procedimento descrito no ponto anterior é um processo de análise, ou seja, são decupadas as partes integrantes de um sistema e sua inter-relação. O passo seguinte do pensamento é, em um processo de síntese, construir um modelo. O que é um modelo? Pode ser algo tão simples quanto uma equação que descreva o efeito de algumas causas (variáveis independentes) em um problema (variável dependente). Modelos são ferramentas essenciais de planejamento; eles nos ajudam a definir caminhos possíveis de ação e a fazer estimativas sobre o seu impacto.

Mas, claro, modelos nunca são cópias fiéis da realidade. Por isso, é importante avaliar os resultados reais, baseados em algum tipo de experimento concreto, para, se necessário, novamente refinar o modelo e efetuar novos experimentos.

5 – MODELOS SÃO MUITO ÚTEIS, MAS NÃO SÃO REPRODUÇÕES EXATAS DA REALIDADE.

Sistemas nem sempre se caracterizam por círculos viciosos (como o descrito no item 4) ou virtuosos (espirais ascendentes). Sistemas podem também estar em equilíbrio, ainda que isso não implique imobilismo, simplesmente signifique que há forças (ou movimentos) que se anulam ou que, quando presentes, desencorajam a mudança.

Exemplo: por que a educação básica não melhora no Brasil, apesar de todos dizerem há anos que isso é importante?

Algumas explicações possíveis (se bem entendo a proposta de Gustavo Ioschpe em seus artigos frequentes na revista *Veja*) são:

» Grande parte dos professores resiste a mudanças que implicam mais dedicação dentro e fora da sala de aula (exemplo: com mais frequência, dar e corrigir tarefas).

» Pais de alunos de escolas públicas não têm formação ou parâmetros para conseguir avaliar a péssima qualidade de ensino oferecida a seus filhos (acreditam, por exemplo, que a repetência implica apenas falha do filho e não dos professores).

» Pais mais esclarecidos de alunos de escolas privadas, que teriam poder de mobilização, não se mexem, porque acreditam que seus filhos têm acesso a um bom ensino (na verdade, apenas ligeiramente melhor que o das escolas públicas, mas ruim também).

» E políticos não têm motivação para, de fato, implementar novas iniciativas se todos os eleitores envolvidos no sistema estão satisfeitos ou não desejam mudanças.

Círculos sistêmicos viciosos ou virtuosos são difíceis de mudar. Um dos motivos é que os efeitos do sistema se abastecem da inter-relação das forças de ação, não nascem simplesmente da iniciativa de uma pessoa. Há várias cenas do filme *Tropa de elite 2* que falam disso: não adianta apenas prender um ladrão, nascem dois no lugar, pois o problema é o sistema de forças (exemplo: educação geral leniente em relação à corrupção), não aquele ladrão específico.

7 – O SISTEMA É RESILIENTE.

Abaixo o mito da "causa única"! A vida não é tão simples. Exemplo: baixa motivação pode nascer de ausência de desafios *e* falta de reconhecimento *e* baixos salários.

8 – HÁ QUASE SEMPRE MAIS DE UMA CAUSA.

Exemplo: uma loja está vendendo pouco, então, é feita uma promoção relâmpago. No curto prazo, as vendas melhoram, mas, depois, caem para um nível ainda mais baixo. Motivo: a promoção relâmpago, no fundo, só estressou as causas reais, que são baixa capacidade de atendimento e motivação dos funcionários (que ficaram assoberbados e fizeram hora extra com a promoção, o que provocou mais insatisfação ainda).

9 – **ATACAR APENAS OS SINTOMAS PODE SÓ PIORAR A SITUAÇÃO, MESMO QUE HAJA MELHORAS NO CURTO PRAZO.**

Um exemplo clássico do livro *A quinta disciplina*, de Peter Senge: no banho, você gira a torneira para esquentar a água. Ela não esquenta imediatamente. Você, sem paciência, gira ainda mais. Aí, quando a água quente vem, vem fervendo. Então, você faz o mesmo ciclo impaciente para esfriá-la. E assim não consegue tomar banho.

Exemplo corporativo banal: atacar a causa mais profunda, *capacitação dos funcionários*, não traz efeitos necessariamente imediatos, é preciso ter paciência, respeitar o tempo do sistema.

Vicente Falconi, no excelente livro *O verdadeiro poder* (uma das importantes fontes de inspiração deste texto), narra o divertido diálogo entre um executivo e um profissional japonês, especializado em qualidade total. Depois de sucessivas e insistentes indagações do executivo sobre a razão da demora de cinco anos para a implantação completa do modelo de qualidade total, o executivo japonês, quase sem paciência, responde: "São cinco anos, porque as pessoas levam cinco anos para mudar!".

10 – EM UM SISTEMA, A CAUSA PODE ESTAR LONGE DOS EFEITOS, ENTÃO, TENHA (ALGUMA) PACIÊNCIA PARA ESPERAR OS RESULTADOS DA SUA INTERVENÇÃO, COM NOVOS EXPERIMENTOS.

Por falar em mudança, avancemos para o próximo elemento do modelo expertise em aprender: práticas! No modelo expertise em aprender, o pensamento conversa, à esquerda, com as experiências de aprendizado e, à direita, olha para nossas práticas atuais, fazendo, assim, uma dupla pergunta:

» Por que essas são minhas práticas atuais, não poderia ou deveria ser diferente?

» Como transformo o que experimentei e pensei em efetivas novas práticas positivas no meu dia a dia?

CAPÍTULO 6
Novas práticas

Você transforma atitudes em comportamentos?
Que estratégias você utiliza para a adoção de novas práticas, que consolidem o aprendizado?

Pequena história extraída dos maravilhosos *Ensaios*, de Montaigne:

["Os atenienses deviam escolher, entre dois arquitetos, um para a construção de um grande edifício. Apresentou-se o primeiro, muito afetado, com um belo discurso cuidadosamente preparado acerca do trabalho que ia executar, e já o povo manifestava a seu favor quando o segundo pronunciou apenas estas palavras: 'Senhores atenienses, o que este acaba de dizer, eu o farei'."]

Quando alguém estuda comportamento humano, uma primeira e fundamental questão que observa é a distinção entre atitudes e comportamentos. Atitude é uma disposição intelectual e afetiva em relação a algo. Comportamento, conceito bem diferente, é o que, de fato, a pessoa faz.

Faça uma rápida enquete na rua, indagando o que os cidadãos brasileiros acham do teatro. Provavelmente, você ouvirá frases pomposas, que declaram uma enorme simpatia pela causa teatral e exaltam a relevância do teatro para a cultura nacional. Então, matreiramente, encerre a entrevista perguntando: "Qual foi a última vez que você foi ao teatro?". Constrangimento garantido! Os entrevistados se contorcerão para justificar o porquê de suas atitudes não se harmonizarem com seus comportamentos.

De certa forma, é precisamente essa dissonância entre atitude e comportamento que diariamente observo em Academias de Liderança. Basta pedir para o executivo listar duas tarefas que ele acredite ter para se desenvolver como líder. Alguma discussão – e discursos apaixonados – depois, somente pergunte: "E há quanto tempo você já sabia disso?". Pois é, esses profissionais estão recheados de boas intenções e sabem exatamente o que tem de ser feito, mas o ponto central é: eles transformam essas atitudes em práticas efetivas?

Obviamente, mudar não é fácil, mas é a mudança que, em última instância, indica a presença do aprendizado e o justifica.

Há já uma literatura extremamente fértil sobre processos de mudança. Este livro não tem, de modo algum, a pretensão de resumi-la. Mas a convivência com executivos que demonstram expertise em aprender sugere algumas dicas essenciais:

» O impulso, a energia inicial para a mudança é fundamental e deve ser facilmente resgatável em momentos posteriores e nebulosos do processo de transição. Como fazer isso? Respondendo de forma inequívoca e poderosa a duas perguntas: o que eu ganho com a mudança que esse aprendizado pode ensejar? E o que deixo de ganhar se não mudar? Escreva suas respostas e deixe-as sempre à mão. Elas o ajudarão a nunca esquecer que você é o maior interessado na mudança em questão. Contrariamente ao que se diz por aí, as pessoas gostam, sim, de mudar. O problema para elas é "serem mudadas", ou seja, sofrer a mudança imposta de fora para dentro!

» O estado que caracteriza qualquer processo de mudança é o da ambivalência. Ao longo da transição, muitas vezes, perdemos o conforto de um estado anterior conhecido, mas ainda não auferimos os benefícios desejados com a mudança. Duvidamos então: vale a pena o esforço? Oscilamos. Temos recaídas. Ansiosamente, sem paciência e disciplina para a travessia, voltamos atrás. Mais duas perguntas, feitas logo na partida, são fortes alavancas de auxílio nesse vaivém: imagine que algum tempo se passou e você não fez aquilo a que se propôs... Por que não fez? Imagine, agora, que a mudança foi um sucesso... O que mais o ajudou? Essas questões explicitam, logo de cara, os recursos positivos e obstáculos que podem povoar a jornada da mudança. É infelizmente muito comum sermos indiferentes em relação aos primeiros (grande erro) e negligentes em relação aos segundos (um erro maior ainda).

» Como todos os que já fizeram algum tipo de dieta de emagrecimento sabem, o difícil não é perder peso, é manter o novo peso conquistado. Deveríamos discutir mais os processos para estabilizar a mudança, e não apenas provocá-la. Afinal, aprendizado implica incorporar novos comportamentos, não simplesmente flertar momentaneamente com eles.

Por falar em flerte – e apenas como ilustração de possíveis estratégias para impulsionar, alavancar e estabilizar a mudança –, gosto muito de explorar a imagem de uma cerimônia de casamento católica.

Repare:

» Os noivos no altar, perante uma audiência repleta, estão fazendo um *compromisso público* com uma mudança. Quando nos comprometemos com amigos e conhecidos, reforçamos o nosso desejo de mudar, criamos uma saudável armadilha para nós mesmos: "Agora eu tenho de ir até o fim".

» A cerimônia envolve um diálogo entre os noivos e o padre, que indaga se a decisão de casar foi tomada de livre e espontânea vontade. Perfeito, aquilo que entendemos ser *fruto de uma escolha consciente* – e não consequência de um beco sem saída – energiza a mudança, ao nos colocar como protagonistas, não vítimas.

» Os pais e padrinhos, em volta dos noivos, são o nomeado *grupo de apoio*, os mentores sempre tão úteis em qualquer processo de mudança.

» O anel é um *lembrete físico* de que a mudança ocorreu. Os noivos ficam todo o tempo de mãos dadas, *reforçando de forma memorável e simbólica um comportamento esperado* para o novo estado que a mudança provocou.

Para quem ainda não entendeu a analogia, basta aplicar as expressões destacadas dos últimos parágrafos em qualquer processo de mudança corporativa. São estratégias extremamente úteis!

Posso ir ainda mais longe. A cerimônia de casamento é naturalmente uma situação tensa para a maioria dos casais: muita coisa está em jogo, houve muita dedicação e esforço, estão todos olhando. O que os noivos fazem para lidar com essa tensão? Eles ficam o tempo todo lado a lado, de mãos dadas. Qual a recompensa? O sorriso de admiração, e as palmas alegres no final, de todos os presentes. Veja bem a estrutura desse ritual: a tensão é o gatilho, sorrisos e palmas são a recompensa. No meio, há um hábito que se pretende introjetar nos noivos: o de estar sempre juntos, especialmente nos momentos mais difíceis da vida. Em resumo, se a coisa se complicar e ficar tensa (gatilho), fiquem juntos (comportamento), porque a recompensa em breve virá (sorrisos, palmas, alegria). É muito poderosa a estratégia de reforçar comportamentos com base numa associação clara entre um gatilho e uma determinada recompensa!

Claro que, em processos de aprendizado, todas essas estratégias de mudança são a moldura que energiza e abastece, mas não substitui, a prática deliberada.

Prática deliberada aqui é sinônimo de esforços programados, intensos e contínuos, seguidos de *feedback*. Um exemplo: pergunte para seu ídolo esportivo como ele aprendeu a bater faltas tão magistrais no futebol ou a sacar de modo tão preciso no tênis ou no vôlei. A resposta será sempre uma só: muito treino.

A nossa sociedade cultiva um enorme preconceito em relação à repetição. Repetição passou a significar estupidez, automatização irrefletida e, no limite, morte. Nestes "tempos modernos", predomina a imagem da linha de montagem, fazendo que a repetição seja vista exclusivamente como um processo que aliena e empobrece. Mas há uma outra visão possível, hoje erroneamente esquecida. A repetição é também a busca pelo aprimoramento, é tentar atingir uma impossível, mas inspiradora, perfeição. É o prazer de corrigir, polir, refinar. Longe de ser meramente um ato mecânico, repetir aqui é um ritual nobre e de celebração do que o ser humano tem de melhor, a capacidade de aprender.

O esforço, no Brasil, também é menosprezado. Ouço professores da educação básica falando sobre a criação de espaços lúdicos e sobre incentivar a brincar, mas há um indisfarçável desdém em relação ao honesto e bom trabalho duro. Mais velhos, aprendemos a enganosamente idolatrar os possuidores de talentos superespeciais, aqueles que supostamente têm o dom de "serem os melhores, sem esforço algum". E ainda mais perigoso e cruel que essa estúpida crença (porque não existe campeão sem muita dedicação) é o que dizemos do restante das pessoas: "Ah, coitadas, elas são apenas esforçadas".

A consequência de tudo isso: muitas vezes, dizemos que queremos aprender, mas não praticamos. Ou praticamos, mas apenas de modo esporádico. Ou o fazemos continuamente, mas sem *feedback* sobre o resultado de nossas ações. Como esperamos aprender assim?

Muitas das nossas crenças são, obviamente, herdadas do que ouvíamos e repetíamos quando éramos crianças. Pois bem, você vai lembrar que a história que incessantemente consumíamos na infância era estruturada em um tripé de personagens: a vítima, o vilão e o herói.

A vítima, carregada das mais puras intenções, mas completamente indefesa, era atrapalhada pelo vilão. O vilão, esse obstáculo para a felicidade da vítima, era um personagem sem nuances, completa e inescapavelmente mau. Finalmente, o herói era quem agia em nome da vítima, uma força superior ilimitada em que devíamos depositar todas as nossas esperanças.

Esse enredo infantil e ingênuo, pode acreditar, repete-se diariamente na cabeça de muitos executivos brasileiros. Quem, de alguma forma, dificulta o andamento de um projeto é um vilão. Esse não sou eu.

Como me vejo incapaz de fazer tudo o que desejo, concluo (aqui acertadamente) que também não sou o herói. Qual é, então, o único papel que me resta? Claro, o de vítima.

E como é confortável ser vítima! A vítima é dependente, exime-se da responsabilidade. A vítima pode ser deliciosamente reconfortada, quando prazerosamente destila as injustiças que sofre diariamente e aponta culpados:

["Ah, gostaria muito de mudar as coisas, mas não posso, sou cruelmente impedido pelo chefe, pela organização, pelo sistema, em suma, pelos vilões."]

Para encerrar este capítulo, e sendo propositadamente repetitivo, vale abordar novamente a questão do protagonismo. O que, de fato, significaria ter uma postura mais ativa e menos passiva em relação ao meu aprendizado?

Interessante a formulação dessa pergunta. Costumamos notar que muitos profissionais afirmam, sem hesitação, que o contrário da atividade é a passividade, ou seja, a resignação típica de quem aceita calmamente o que lhe é oferecido.

Penso de modo diferente. Pode soar estranho para você, mas acredito que a ação e a tal resignação são, na verdade, apenas faces de uma mesma orientação mental, que mais adiante explicarei.

Digo mais: o verdadeiro oposto de agir é reagir, esse, sim, um caminho a evitar na condução da sua carreira.

Reação, ação e resignação. Para explicar esses três conceitos, vale aqui um exemplo muito simples, tirado das típicas situações que vivemos no trânsito das grandes cidades.

A reação é quase sempre irrefletida e imediata: buzinar, bufar...

A reação é comandada por um fator externo, a que normalmente se dirige de modo inconsequente, por exemplo, na forma de uma reclamação: "Ah, essa cidade não dá!".

E é efêmera, pois cessa com a ausência do estímulo, ou melhor, esvanece na presença sempre contínua de estímulos de outra natureza: ao chegar ao trabalho, já me esqueci do trânsito e passo a reclamar do cliente, do chefe...

Já a ação é diferente. Ela parte da corresponsabilidade do indivíduo pela situação vivida e implica descortinar alternativas e incorporar novas práticas: posso trabalhar em casa, propor horários flexíveis, mudar de empresa ou cidade. Posso, e devo também, como cidadão, sugerir e apoiar ideias que tragam melhorias concretas para a mobilidade urbana de todos. A sabedoria talmúdica já chamava nossa atenção, em uma brilhante provocação:

["Se eu não for por mim, quem
o será? E, quando sou apenas
por mim, o que sou? E, se não
for agora, quando será?"]

Por sua vez, a resignação, passiva e conformista apenas na aparência, é a consciente decisão de não agir em relação ao estímulo, ou melhor, agir em outras direções, autodeterminadas. Por exemplo, posso me

deliciar ouvindo música no carro, a despeito do trânsito momentâneo lá fora.
É fácil identificar o indivíduo reativo. Está sempre reclamando, afogado pelas "injustiças" ou "emergências" do presente, debatendo-se contra uma agenda povoada de pessoas e compromissos aos quais, ele acredita, jamais poderia dizer não.

Por outro lado, a vida pautada por um misto de ação e resignação transmite felicidade e paz, transpira confiança em contribuir para criar o futuro e inteligência para aceitar o passado.

Resignação e ação nascem da mesma fonte: a reflexão sobre até onde se estende meu poder de escolha, meu campo de ação para aprender e trazer novas práticas.

Esse raciocínio vale para qualquer dimensão da sua vida e da sua carreira profissional. Não comandamos as forças da natureza, do mercado ou da sociedade. Mas, especialmente se levarmos em conta as (prováveis) ótimas condições de formação moral e intelectual que recebemos, então, não dá para fugir: somos sempre responsáveis pelo modo como decidimos viver, pela trilha que escolhemos percorrer.

Em suma: temos de deixar um pouco de lado as reações levianas, começando a discernir aquilo sobre o que efetivamente podemos agir, resignando-nos com a parcela que representa o que não pode ser mudado. Não é fácil. Longe disso! Mas não há alternativa, se você parar para pensar.

PARTE III

Aplicando o modelo e turbinando seu aprendizado

"Os analfabetos do século XXI não serão aqueles que não saibam ler ou escrever, mas aqueles que não saibam aprender, desaprender e reaprender."

ALVIN TOFFLER

CAPÍTULO 7
Alavanque o seu aprendizado em cursos e treinamentos

O grande teste do modelo expertise em aprender aconteceu por acaso. Surgiu de uma investigação que correu paralelamente às reflexões que originaram este livro.

Um tipo de encontro que a Atingire costuma realizar em Academias de Liderança é o que chamamos de "praça de aprendizagem". A praça é, *grosso modo*, o que denominamos um "encontro sem *slides*". Tipicamente, ela acontece algumas semanas depois de um programa formal e tem como objetivo duplo:

» Criar um espaço para que executivos compartilhem o sucesso na aplicação de conceitos e ferramentas anteriormente debatidos.

» Fornecer um fórum para a discussão de dúvidas sobre como lidar com obstáculos para essa mesma aplicação.

Pois bem, durante várias praças, em diversas empresas, começamos a observar que muitos executivos tinham, de fato, feito um trabalho fantástico de transferência do aprendizado para seu dia a dia: nem todos tinham ainda histórias de sucesso para contar, mas era óbvio que uma mudança positiva estava em curso na sua atuação profissional. Por outro lado, havia também uma parcela infelizmente não desprezível de executivos que absolutamente não tinham se envolvido em projetos pessoais de transformação. O.k., nada surpreendente até aqui, mas o que chamava a atenção era que os profissionais dos dois grupos, após a conclusão do programa formal de desenvolvimento, tinham-no classificado como "nota 10" no quesito "aplicabilidade"! Ora, então, o que aconteceu no meio do caminho?

Claro, muitos profissionais do segundo grupo, quando entrevistados, apontavam como causas da sua inação problemas específicos com seus gestores, situações de mercado mais urgentes que demandavam sua atenção etc. Mas essas "desculpas" não nos pareciam ser a resposta. Os executivos do primeiro grupo também as mencionavam e, a despeito disso, provocaram mudanças.

Quando escavamos mais a questão, descobrimos que a diferença maior entre as pessoas dos dois grupos era o seu olhar para o aprendizado. Os líderes do primeiro grupo adotavam alguns comportamentos – simples, mas poderosos – que alavancavam sua capacidade de aprender.

Esses profissionais, por exemplo, sempre buscavam descortinar com humildade, antes de qualquer programa de desenvolvimento, oportunidades de crescimento pessoal relacionadas ao programa. Durante os encontros, não "anotavam a matéria", mas, sim, reflexões e ideias sobre possíveis conexões entre a discussão na sala e seus desafios diários. No final, os mais proficientes na expertise em aprender espontaneamente definiam caminhos concretos para criar novas experiências de aprendizado e estabeleciam, para si mesmos, objetivos específicos de aplicação.

Esses comportamentos – mais detalhadamente relacionados a seguir – estão *integralmente* relacionados ao modelo de aprendizado exposto neste livro.

Hoje, eles fazem parte d'O Guia do Aprendizado, um recurso extra de apoio oferecido logo no início de toda Academia de Liderança. Que curioso: durante tantos anos nos debruçamos sobre o desafio de melhorar a capacidade de facilitação dos profissionais que conduzem encontros de educação corporativa, mas, quem diria, o maior segredo para aumentar a taxa de sucesso desses programas de formação estava, de fato, em incrementar a expertise em aprender dos participantes!

O Guia do Aprendizado

Humildade:

A. Antes de cada encontro, faça esta avaliação: o tema central corresponde às oportunidades de desenvolvimento que você já identificou para si? Que oportunidades são essas? Lembre-se de que elas podem representar a chance de aprimorar aspectos que você já identifica como pontos fortes seus ou, então, ajudar a mitigar aspectos que atrapalham o desenvolvimento de todo o seu potencial.

Para preencher esse registro, vale conversar com outros executivos da empresa, retomar resultados de avaliações formais anteriores etc.

Pensamentos:

B. Um ótimo modo de se preparar para qualquer programa de educação corporativa é refletir antes de cada encontro e registrar: quais são suas hipóteses fundamentais sobre o tema em questão (seu modelo mental)? Que perguntas você tem sobre o assunto? Como costumamos dizer: "Se não temos perguntas, as respostas simplesmente ricocheteiam!".

C. Durante o encontro, registre suas reflexões iniciais sobre as discussões, além de novas ideias que esses debates inspirem. Pense: se houve alguma alteração nos seus modelos mentais, como eles foram enriquecidos ou modificados?

Objetivos:

D. Como já falamos, o aprendizado só acontece quando enseja, de fato, novos comportamentos. Registre, então, objetivos de incorporação de novas práticas que traduzam a aplicação do que discutimos no programa. Vale também escrever: por que esses objetivos são importantes para você? O que você ganha se atingi-los? O que perde se não chegar lá? Como eles se relacionam com as competências e os valores trabalhados pela empresa?

Práticas:

E. Mudar não é fácil, todos nós sabemos disso! Aqui gostaríamos que você registrasse que estratégias vai usar, no dia a dia, para realmente atingir seus objetivos de mudança. Alguns exemplos de estratégia: estabelecer um compromisso público com a mudança, pedir a ajuda de outras pessoas, "criar recompensas" que incentivem a mudar etc.

Experiências:

F. Finalmente, a experiência proporcionada por esse programa não esgota o ciclo de aprendizado. Pelo contrário! Queremos estimular sua busca por novas experiências. Propomos que há três grandes áreas em que essas novas experiências podem ocorrer:

» *Desafios*. Por exemplo: realizar novas tarefas no seu trabalho, assumir a responsabilidade por novos projetos, adotar novos comportamentos em situações concretas etc.
» *Conversas relevantes*. Por exemplo: com pessoas da sua equipe, com um *coach*, um mentor etc.
» *Novas arenas de* insight. Por exemplo: ler livros e artigos, explorar práticas em outras empresas ou indústrias, investigar modelos adotados em outros países etc.

HUMILDADE [(Experiências) ⇔ (Pensamento) ⇔ (Práticas)] OBJETIVOS

CAPÍTULO 8
Avalie sua capacidade de aprender e construa um plano de evolução

Melhor que utilizar o modelo expertise em aprender para alavancar seu aproveitamento em programas de treinamento e desenvolvimento é criar um plano de evolução nessa metacompetência.

Vamos lá!

Nossa recomendação é que você responda às perguntas abaixo *pensando sempre na sua atuação profissional*. Em cada pergunta, além de marcar a alternativa que melhor corresponda ao seu caso, pedimos também que você descreva um exemplo que embase a resposta. Isso o ajudará a refletir melhor sobre que nota atribuir a si (de 0 a 10) no final de cada questão.

1) Nos últimos sete dias, você reconheceu estar errado ou que alguém tinha uma opinião mais embasada que a sua?

a) Nenhuma vez.　**b)** Uma vez.　**c)** Mais de uma vez.

No caso das alternativas b ou c, descreva aqui um exemplo:
_____
_____

De 0 a 10, como me avalio quanto à capacidade de reconhecer que estou errado ou que alguém tem uma opinião mais embasada que a minha?
◯ 1 ◯ 2 ◯ 3 ◯ 4 ◯ 5 ◯ 6 ◯ 7 ◯ 8 ◯ 9 ◯ 10

2) "Puxa, preciso mesmo aprender mais sobre isso." Nos últimos sete dias, houve alguma situação profissional específica que tenha provocado esse pensamento em você? Não vale chegar a essa conclusão agora, você tem de ter tido o pensamento durante a situação em questão.

a) Não. b) Sim, aconteceu uma vez.
c) Sim, e aconteceu mais de uma vez.

No caso das alternativas b ou c, descreva aqui um exemplo:

_____

_____

De 0 a 10, como me avalio quanto à capacidade de reconhecer oportunidades de aprendizado com base em diferentes situações que vivo no dia a dia?

◯ 1 ◯ 2 ◯ 3 ◯ 4 ◯ 5 ◯ 6 ◯ 7 ◯ 8 ◯ 9 ◯ 10

3 Você tem hoje um projeto pessoal de aprendizado estruturado em torno de algum objetivo específico de desenvolvimento?

a) Não. b) Mais ou menos. c) Sim.

No caso das alternativas b ou c, descreva-o brevemente aqui:

_____

_____

De 0 a 10, como me avalio quanto à capacidade para trabalhar constantemente com projetos pessoais de aprendizado?

◯ 1 ◯ 2 ◯ 3 ◯ 4 ◯ 5 ◯ 6 ◯ 7 ◯ 8 ◯ 9 ◯ 10

4 Nos últimos sete dias, e por iniciativa própria, você realizou alguma conversa relevante no trabalho? Conversas relevantes são aquelas que transcendem questões comuns do trabalho, que alavancam o aprendizado pela troca de experiências (exemplo: conversa com um mentor etc.).

a) Não.   b) Sim, aconteceu uma vez.
c) Sim, e aconteceu mais de uma vez.

No caso das alternativas b ou c, descreva aqui um exemplo:

_____

_____

De 0 a 10, como me avalio quanto à capacidade de realizar conversas relevantes com meus pares, gestores etc.?
○ 1 ○ 2 ○ 3 ○ 4 ○ 5 ○ 6 ○ 7 ○ 8 ○ 9 ○ 10

5 Nos últimos sete dias, e por iniciativa própria, você utilizou alguma fonte formal de conhecimento para alavancar o seu aprendizado, em torno de uma questão específica do seu interesse? Exemplos de fontes formais de aprendizado, que também chamamos de "arenas de *insights*": livros, artigos, vídeos, cursos etc.

a) Não.   b) Sim, aconteceu uma vez.
c) Sim, e aconteceu mais de uma vez.

No caso das alternativas b ou c, descreva aqui um exemplo:

_____

_____

De 0 a 10, como me avalio quanto à capacidade de buscar fontes formais de aprendizado para gerar *insights* que me ajudem nas minhas necessidades específicas de desenvolvimento?
○ 1 ○ 2 ○ 3 ○ 4 ○ 5 ○ 6 ○ 7 ○ 8 ○ 9 ○ 10

6 Pense nos desafios profissionais em que você esteve envolvido nos últimos sete dias. *Grosso modo*, eles envolvem as mesmas pessoas e o mesmo grau de dificuldade e complexidade em relação a um ano atrás?

a) Sim, faço essencialmente coisas muito parecidas.
b) Mudou alguma coisa.
c) Não, esses desafios são hoje bastante diferentes.

No caso das alternativas b ou c, descreva aqui um exemplo:

_____
_____

De 0 a 10, como me avalio quanto à capacidade de buscar novos desafios profissionais como caminho para o meu aprendizado?

◯ 1 ◯ 2 ◯ 3 ◯ 4 ◯ 5 ◯ 6 ◯ 7 ◯ 8 ◯ 9 ◯ 10

7 Nos últimos sete dias, você aplicou a sua capacidade de senso crítico para concretamente proporcionar uma avaliação mais completa em torno de alguma informação, ideia ou proposta?

a) Não.   b) Sim, aconteceu uma vez.
c) Sim, e aconteceu mais de uma vez.

No caso das alternativas b ou c, descreva aqui um exemplo:

_____
_____

De 0 a 10, como me avalio quanto à capacidade de utilizar senso crítico para avaliar de forma mais completa informações, ideias e propostas?

◯ 1 ◯ 2 ◯ 3 ◯ 4 ◯ 5 ◯ 6 ◯ 7 ◯ 8 ◯ 9 ◯ 10

8 Nos últimos sete dias, você refletiu antes de alguma reunião ou evento para identificar oportunidades concretas de aprendizado?

a) Não.   b) Sim, aconteceu uma vez.
c) Sim, e aconteceu mais de uma vez.

No caso das alternativas b ou c, descreva aqui um exemplo:
_____
_____

De 0 a 10, como me avalio quanto à capacidade de refletir e me preparar antes de alguma oportunidade de aprendizado específica?
◯ 1 ◯ 2 ◯ 3 ◯ 4 ◯ 5 ◯ 6 ◯ 7 ◯ 8 ◯ 9 ◯ 10

9 Costumo dizer que ser criativo é "estabelecer conexões mentais entre diferentes experiências, juntando o que antes as pessoas entendiam como coisas separadas". Nos últimos sete dias, você trouxe alguma ideia criativa de como a sua equipe poderia atuar com mais sucesso diante dos desafios do trabalho?

a) Não.   b) Sim, aconteceu uma vez.
c) Sim, e aconteceu mais de uma vez.

No caso das alternativas b ou c, descreva aqui um exemplo:
_____
_____

De 0 a 10, como me avalio quanto à capacidade de contribuir com ideias criativas para a minha equipe de trabalho?
◯ 1 ◯ 2 ◯ 3 ◯ 4 ◯ 5 ◯ 6 ◯ 7 ◯ 8 ◯ 9 ◯ 10

10 Nos últimos sete dias, e na esfera profissional, você teve alguma iniciativa concreta para tentar mudar algum hábito seu?

a) Não.   b) Sim, aconteceu uma vez.
c) Sim, e aconteceu mais de uma vez.

No caso das alternativas b ou c, descreva aqui um exemplo:

_____
_____

De 0 a 10, como me avalio quanto à capacidade para, de fato, instituir processos de mudança de hábito?

◯ 1 ◯ 2 ◯ 3 ◯ 4 ◯ 5 ◯ 6 ◯ 7 ◯ 8 ◯ 9 ◯ 10

11 Nos últimos sete dias, você aplicou no trabalho alguma coisa nova, que viveu em alguma experiência de aprendizado anterior?

a) Não.   b) Sim, aconteceu uma vez.
c) Sim, e aconteceu mais de uma vez.

No caso das alternativas b ou c, descreva aqui um exemplo:

_____
_____

De 0 a 10, como me avalio quanto à capacidade para aplicar, na prática, o que vivo em experiências de aprendizado?

◯ 1 ◯ 2 ◯ 3 ◯ 4 ◯ 5 ◯ 6 ◯ 7 ◯ 8 ◯ 9 ◯ 10

12 Nos últimos sete dias, você pediu *feedback* sobre a sua evolução no que diz respeito a algum comportamento específico no trabalho?

a) Não.   b) Sim, aconteceu uma vez.
c) Sim, e aconteceu mais de uma vez.

No caso das alternativas b ou c, descreva aqui um exemplo:

_____
_____

De 0 a 10, como me avalio quanto à capacidade para utilizar o *feedback* como mecanismo de desenvolvimento de novas práticas?

◯ 1 ◯ 2 ◯ 3 ◯ 4 ◯ 5 ◯ 6 ◯ 7 ◯ 8 ◯ 9 ◯ 10

Resgate

As 12 questões a que você respondeu se relacionam às quatro dimensões do modelo expertise em aprender:

- » Humildade e objetivos: questões 1, 2 e 3.
- » Experiências: questões 4, 5 e 6.
- » Pensamento: questões 7, 8 e 9.
- » Práticas: questões 10, 11 e 12.

Você pode calcular sua pontuação total e em cada elemento do modelo simplesmente somando as notas de 0 a 10 que atribuiu a si nas questões associadas.

Antes de criar um plano de ação com base nesses resultados, vale um alerta: estudos têm mostrado que é comum fazermos avaliações "infladas" de nós mesmos, especialmente quando temos pouca expertise em aprender.

[É importante, então, calibrar a sua autoavaliação.]

Uma dica interessante é comparar os exemplos que você citou em cada item da pesquisa com aqueles mencionados por outros colegas, contrastando depois as notas dadas. Isso pode ajudá-lo a refletir se foi muito gentil ou severo em suas notas.

E é fundamental cruzar a sua autoavaliação com aquela realizada por colegas de trabalho: seu gestor direto, pares e colaboradores. Eles o veem da mesma forma que você se vê? Para tanto, recomendo fazer a essas pessoas quatro perguntas, cada uma destas relacionada a uma dimensão facilmente observável no dia a dia do modelo expertise em aprender:

» O quanto demonstro ser capaz de reconhecer meus erros e de identificar oportunidades de aprendizado?

» O quanto demonstro estar aberto para novas experiências (na forma de desafios profissionais, conversas relevantes e arenas de *insights*)?

» O quanto demonstro ser capaz de refletir sobre as diversas experiências do dia a dia, questionando-as e estabelecendo conexões entre elas?

» O quanto demonstro ser capaz de instituir novos hábitos, transformando *insights* em práticas efetivas?

Você pode pedir que lhe atribuam notas nesses itens, junto, claro, com exemplos positivos e negativos. Uma alternativa à nota é pedir para que cada entrevistado crie um *ranking* da habilidade que percebe em você nas dimensões.

Após realizar essa calibragem a partir do *olhar do outro*, você provavelmente irá constatar que apresenta uma *performance* distinta nas dimensões.

Temos realmente observado que as pessoas possuem habilidades diferentes na metacompetência expertise em aprender; raramente alguém se destaca em tudo. *Grosso modo*, temos *quatro grandes tipos* de expertise em aprender:

1. Pessoas do tipo "Expertise em energizar": destaque na dimensão "humildade e objetivos". São pessoas que continuamente buscam se conhecer melhor, por meio da introspecção e da avaliação do impacto que causam em outros indivíduos. Sabem reconhecer os próprios erros e procuram ter clareza sobre seus pontos fortes e fracos, desenvolvendo, a partir daí, objetivos de aprendizado.

2. Pessoas do tipo "Expertise em explorar": destaque na dimensão "experiências". São pessoas que valorizam experiências diversas, para alimentar seu aprendizado. São curiosas, buscam aprender com pessoas e fontes variadas de conhecimento. Não têm receio de explorar novos desafios profissionais e testar novas abordagens.

3. Pessoas do tipo "Expertise mental": destaque na dimensão "pensamento". São pessoas que pensam e refletem intensamente, para construir aprendizado com base em suas experiências. Possuem senso crítico para explorar mais profundamente o porquê de problemas e embasar propostas de soluções. Lidam bem com a complexidade e a ambiguidade, fazendo conexões que trazem novas ideias e oportunidades.

4. **Pessoas do tipo "Expertise em mudança"**: destaque na dimensão "práticas". São pessoas que sabem que o aprendizado só se concretiza quando origina novos comportamentos positivos. Concebem e aplicam estratégias variadas para transformar *insights* em novas práticas, monitorando com disciplina sua evolução.

A construção do seu plano de ação passa pela identificação do seu tipo e também da dimensão em que você é mais fraco.

O segredo para sua evolução é aproveitar seu ponto forte, tomando cuidado para não utilizá-lo em excesso. E, ao mesmo tempo, aprimorar sua atuação na dimensão em que menos se destaca.

Como fazer?

Aqui há uma discussão interessante. Por estarmos tratando de uma metacompetência, surgem alguns paradoxos. Por exemplo: como alguém que não é humilde terá a humildade para se aprimorar na primeira dimensão, "humildade e objetivos"?

Esse é justamente o grande valor de cruzar a sua autoavaliação com a avaliação de outras pessoas. Além disso, tenho observado como é intenso o impacto de apresentar o conceito de humildade não de forma isolada, mas integrado às outras dimensões, explicando por que a expertise em aprender é atualmente tão fundamental. Essa visão integrada é muito útil para impulsionar a mudança.

Quando finalmente as pessoas estão prontas para começar a construir um plano de ação, costumam surgir outras dúvidas. Por exemplo: como incorporar o hábito de incorporar novos hábitos se não sou forte na quarta dimensão?

Por ser uma metacompetência, só conseguimos desenvolver realmente a nossa expertise em aprender quando construímos um plano de evolução em outra competência. E, então, brincamos de um jogo duplo, que cria um círculo virtuoso: ao desenvolver uma competência específica, evolui também a nossa expertise em aprender, o que nos torna mais capazes de crescer em outras competências etc.

Vou explicar melhor essa questão, com um exemplo de plano de ação.

Paulo (esse não é seu nome real) é um profissional que está hoje executando um projeto de evolução na competência "construção de relacionamentos produtivos". Esse plano foi construído por meio do modelo expertise em aprender, o que também tem possibilitado seu contínuo crescimento nessa metacompetência.

Um brevíssimo resumo desse trabalho segue abaixo.

Primeira dimensão: Humildade e objetivos

Paulo já havia identificado há algum tempo que precisava aprender a lidar de modo mais eficaz com conflitos no trabalho, para assim conseguir alavancar outros talentos que possui. Então, entre outras coisas, o que ele fez foi pedir mais exemplos de como o "não escutar outros pontos de vista" o atrapalhou na condução de projetos recentes. Também construiu metas concretas de desempenho, algumas até curiosas, como "dedicar pelo menos 50% de cada conversa a entender a opinião da outra pessoa, com perguntas e escuta atenta". Tudo isso o ajudou a energizar seu aprendizado.

Segunda dimensão: Experiências

Vale dizer que Paulo é do tipo "expertise em explorar". Ele não teve, então, dificuldade em conceber uma série de experiências. Por exemplo, ele conseguiu participar de um novo projeto da empresa, que demandava o relacionamento com alguns clientes "difíceis" e com múltiplos novos fornecedores. Foi ótimo! Por outro lado, o cuidado aqui foi não exagerar nessa dimensão. Esta é a armadilha sempre presente: ficarmos presos à dimensão do nosso tipo, aquela em que atuamos mais confortavelmente. No caso do Paulo, depois de devorar mais de uma dezena de livros sobre negociação e resolução de conflitos (arenas de *insights*), ele soube ver que era com certeza o momento de seguir adiante. De que adianta termos experiências variadas se não refletimos intensamente sobre elas e transformamos nossos *insights* em novas práticas?

Terceira dimensão: Pensamento

De tudo que Paulo viveu nas diferentes experiências acima, o que pode ser aproveitado? Que pontos em comum surgiram? E discordâncias? Que outras conexões ele conseguia fazer? Que princípios sobre construção de relacionamentos produtivos derivaram de toda essa reflexão?

Quarta dimensão: Práticas

Seguem dois exemplos de itens do plano de Paulo, nesta dimensão: ele fez um compromisso público com o seu projeto pessoal de melhoria e, para saber como, de fato, aplicou os princípios que concebeu na etapa anterior, pediu para um colega de trabalho lhe dar um *feedback* de cinco minutos após cada reunião semanal da empresa. Paulo teve especial atenção nesta dimensão, pois a autoavaliação já havia indicado que nela estava o seu ponto fraco. Além disso, ao longo do projeto, ele registrou táticas bem-sucedidas para a incorporação de novos hábitos. Esse estoque de procedimentos, tenho certeza, pode ser muito útil a Paulo em outros projetos de aprendizado no futuro!

Finalmente, um comentário sobre caminhos de evolução. Em programas da Atingire, temos também obtido resultados muito interessantes com a seguinte abordagem: reunimos em um grupo quatro pessoas que representam os diferentes tipos de expertise em aprender. Então, propomos um desafio e cada uma delas é estimulada a ensinar para o grupo como a sua dimensão de destaque pode e deve ser utilizada. Essa tem se mostrado uma experiência muito rica!

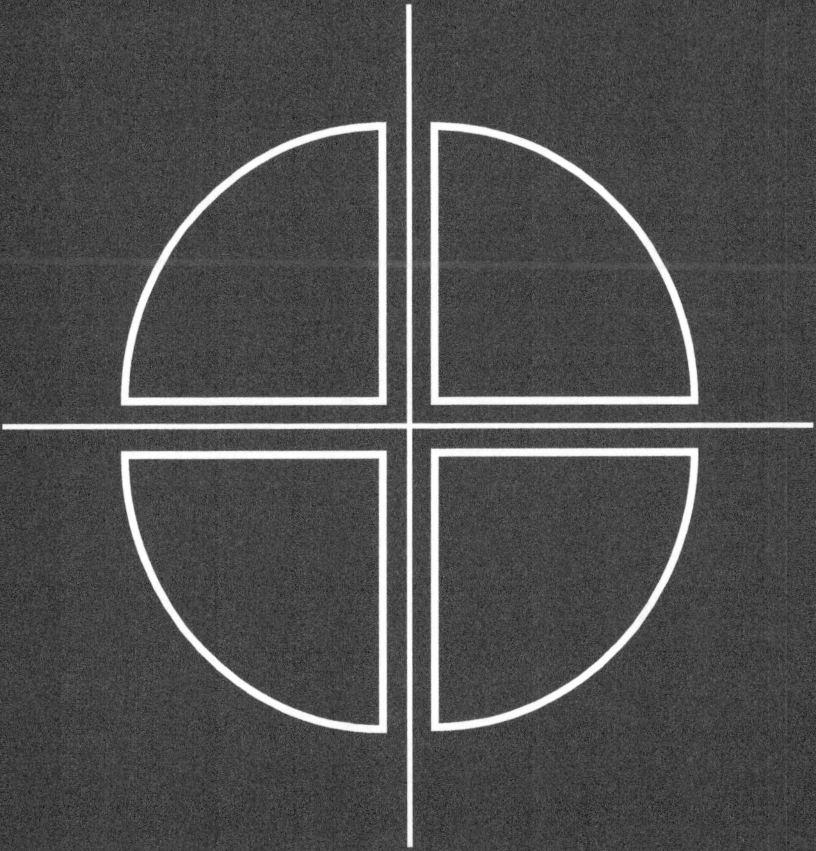

CAPÍTULO 9
Gestão com aprendizagem

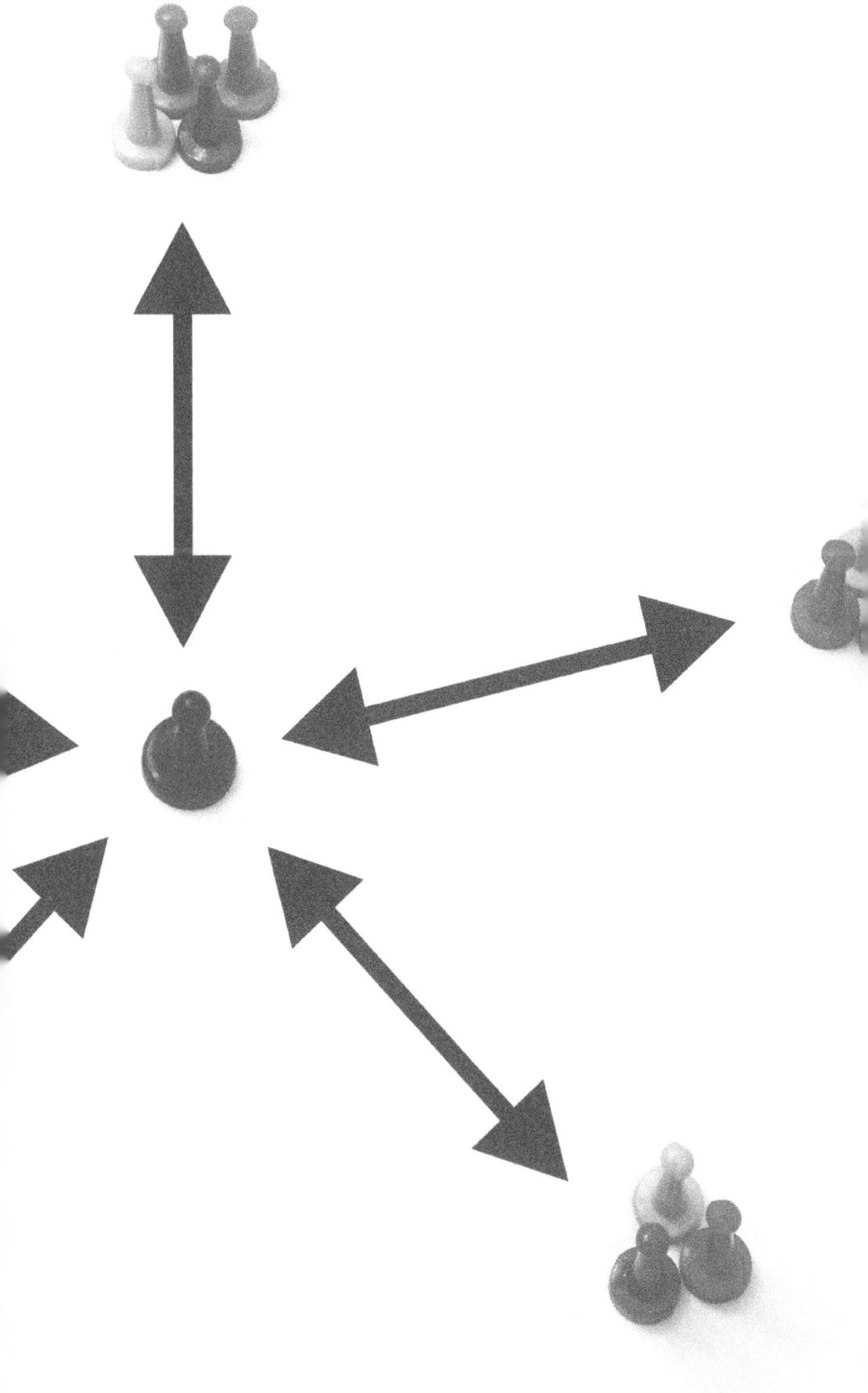

Neste último capítulo, gostaria de, ainda mais claramente, enfatizar a aplicabilidade dos conceitos de expertise em aprender para além dos programas individuais de aprendizado. E, para fazer isso, mergulhamos diretamente no grande desafio vivido pelos profissionais atualmente.

Veja bem, até mesmo o melhor planejamento é impreciso, pois tudo muda de forma cada vez mais rápida e imprevisível. Há risco, incerteza e dúvida em grande parte das decisões que se tomam no dia a dia. Como lidar com isso? Como entregar os resultados de hoje e, ao mesmo tempo, planejar o futuro, em um ambiente em constante mudança? Essas são questões que tiram o sono dos melhores executivos brasileiros hoje!

Uma saída – não milagrosa, porque essa obviamente não existe – é criar uma cultura do aprendizado, uma cultura que incorpore muitas das questões discutidas neste livro.

GESTÃO COM APRENDIZAGEM

DESENVOLVA UM PLANO DE APRENDIZADO PARA REDUZIR O RISCO E A INCERTEZA.

Busque aprender, com a sua equipe, o que é importante e não conhecido, mas possível de se conhecer. Para fazer isso, identifique, com base nas informações existentes, quais as variáveis críticas que afetam o seu negócio. Então, separe o que se sabe, o que não se sabe e o que é impossível de saber sobre tais variáveis. Finalmente, desenhe e execute um plano de aprendizado para conseguir as informações relevantes que não são conhecidas, por meio de análise, pesquisa e/ou experimentação.

APRENDA COM CLIENTES, FORNECEDORES, PARCEIROS E COMUNIDADES COLABORATIVAS.

Pense para além dos limites do seu escopo de trabalho, a fim de obter uma compreensão mais clara do que está acontecendo e pode acontecer no futuro ao estar e trabalhar bem próximo de onde a ação acontece. Incentive e reconheça a interação da sua rede de empresas e consumidores, gere confiança entre as diferentes partes e, acima de tudo, ouça atentamente o que todos têm a dizer.

FAÇA ESCOLHAS SÓLIDAS, PERGUNTANDO:
"O QUE TEM DE SE PROVAR VERDADE PARA ISTO FUNCIONAR?".

Essa abordagem ajuda você a avaliar se uma ideia é, de fato, interessante ao forçar as pessoas a pensar, articulando que premissas precisam acontecer na prática para que a ideia seja bem-sucedida.

PENSE EM CENÁRIOS E PLANOS DE CONTINGÊNCIA PARA DECISÕES CRÍTICAS.

Construir cenários amplia o pensamento lógico ao estimular as pessoas a fazer várias perguntas e avaliar uma ampla gama de hipóteses, ajudando a preparar a empresa para o futuro. Planos de contingência reduzem a afobação na decisão e aceleram a implementação, uma vez que um pré-plano já está (ao menos em parte) desenvolvido. Em geral, de quatro a cinco cenários é um número ideal; tenha certeza de que seus planos de contingência definam gatilhos claros e as respectivas ações.

COM HUMILDADE, COLOQUE UMA INICIATIVA EM CADA RISCO CRÍTICO.

A maioria das empresas tem um portfólio de iniciativas para atacar oportunidades. Mas deveriam também, com humildade, endereçar cada risco crítico identificado a fim de mitigá-lo, o que pode ser tão ou mais importante. Tenha a mesma disciplina das iniciativas *comuns*: um plano claro, com prazos, responsáveis e investimentos necessários.

CONSTRUA PROATIVAMENTE EXPERIÊNCIAS EXPLORADORAS.

Risco e incerteza obviamente tornam impossível prever o futuro com exatidão – mesmo o do seu negócio. Evite a *inércia do sucesso*, explorando proativamente novas oportunidades com práticas disciplinadas e em diferentes níveis (planos, processos, produtos e até modelos de negócio), para capturar valor.

PENSE MAIS AMPLAMENTE.

Faça planejamentos periódicos de longo prazo, não apenas o incrementalismo típico de orçamentos anuais. Planejamentos anuais são, frequentemente, exercícios orçamentários incrementais e limitados, de curto prazo. Fuja dos padrões atuais de pensamento, ampliando o escopo das análises, explorando novos caminhos potenciais e estabelecendo objetivos realmente energizadores.

PRATIQUE E EXECUTE ENQUANTO APRENDE!

Aprovar um plano completo pode ser muito arriscado, mas trabalhar com objetivos e investimentos intermediários, não. Defina metas parciais que sirvam de acompanhamento à medida que você executa, aprende e ajusta o plano conforme necessário.

ERRE DE MODO RÁPIDO E BARATO AO INOVAR, APRENDA E SIGA EM FRENTE.

Errar ao inovar (e não em operações rotineiras) proporciona novos e valiosos conhecimentos, que podem ajudar uma empresa a saltar na frente da concorrência e garantir crescimento futuro. Meça fracassos por custo, e não por taxa. Dê permissão para as pessoas estarem erradas, encoraje experimentos não usuais e valorize o aprendizado, reduzindo o medo de fracassar.

CONCLUSÃO

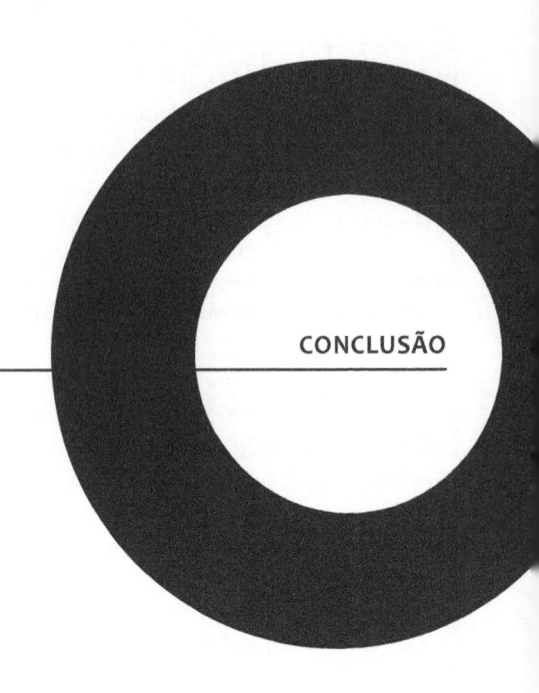

Qual a grande oportunidade para atenuar o trânsito caótico nas grandes cidades? Mais transporte público? Adoção ou expansão do modelo de rodízio de veículos? Pois bem, a desenvolvedora de aplicativos Waze trouxe uma resposta diferente: informação. E essa resposta inusitada veio acompanhada de uma mudança de moldura mental: ao invés de considerar como inimigos os muitos veículos que disputam espaço com você nas ruas e avenidas, passe a vê-los como amigos, como fontes valiosas de informação sobre as melhores rotas a percorrer. Não foi por acaso que, em meados de 2013, o gigante Google confirmou a bilionária compra da Waze.

Essa lógica de construção e uso compartilhado da informação é preciosa! *Grosso modo*, é ela que anima, nas melhores empresas, esforços de gestão do conhecimento. Pois bem, como ficou claro ao longo do texto, o escopo principal adotado nesta obra é o indivíduo (e o desenvolvimento de sua expertise em aprender) e não a organização. Mas tenho visto muitas iniciativas organizacionais de gestão do conhecimento que naufragam simplesmente porque os envolvidos não valorizam o aprendizado, não sabem dividir experiências, não travam conversas relevantes, em suma, não sabem aprender.

Entre o indivíduo e a organização, podemos também dirigir o nosso olhar para as equipes de trabalho, como feito rapidamente no Capítulo 9. A unidade em torno de valores organizacionais e um propósito inspirador são fundamentais para o sucesso da equipe, mas a importante coesão resultante não pode se transformar em uniformidade estúpida ou em um padrão de comportamento exclusivamente autocentrado. Contrariando concepções antigas, que perigosamente idolatravam a coesão de equipes, há hoje uma literatura fascinante que corretamente aponta que equipes de alta *performance* também sabem promover um conflito interno sadio (seus membros atuam com senso crítico, engajam-se em conversas relevantes etc.) e, de modo ágil, sabem se voltar para fontes externas de aprendizado na empresa e fora dela. Ora, tudo isso só é possível se os integrantes da equipe possuírem expertise em aprender!

A liderança também tem como principal substrato a expertise em aprender. Ouço muitos afirmarem que o alicerce para liderar pessoas e organizações é a liderança de si próprio. Porque o líder de si mesmo seria, antes de tudo, crível e autêntico, características básicas para a liderança. Mas eu pergunto: qual a fonte dessa autoliderança se não a expertise em aprender? Pois reconhecer erros, aprender com eles, transformando esse saber em novas práticas, é a fundação mais nobre da credibilidade. E não apenas emular a moda do momento, mas genuinamente construir o seu aprendizado, é a definição suprema de autenticidade!

Em 2012, juntamente com sócios da Atingire, lancei o livro *Academia de liderança*. Nele, propomos que há quatro desafios principais para o líder:

- » Impulsionar a *performance* de equipes.
- » Contribuir para moldar o futuro da empresa.
- » Engajar as pessoas.
- » Desenvolver os talentos dos colaboradores.

Os dois primeiros desafios estão relacionados à liderança do negócio da empresa e são absolutamente impossíveis sem a expertise em aprender. Por exemplo, como serei capaz de ajudar a pensar estrategicamente o futuro da organização se não possuo a capacidade para aprender com o mercado, os consumidores e as tendências?

Os dois desafios restantes são umbilicalmente amarrados à gestão de pessoas. E, novamente, o papel da expertise em aprender é crucial. Por exemplo: como posso desenvolver talentos em outras pessoas se não sou capaz de fazer isso em mim mesmo?

Há um livrinho que é uma verdadeira pérola: *A alma imoral*, de Nilton Bonder. Em um trecho dessa fantástica obra, o autor narra que Moisés, ao se apresentar ao poderoso faraó do Egito, recebeu a seguinte demanda:

["Falam maravilhas de você.
Então, vamos lá, mostre-me
algo que te surpreenda."]

Alguns leitores apressados, sugere Bonder, podem se questionar: "Há um erro aqui, a expressão correta deveria ser algo que me surpreenda, ou seja, que surpreenda o faraó".

Então, o autor brilhantemente comenta que a pergunta está certa, sim. E explica: é muito fácil surpreender os outros; fácil, porque essa possibilidade está no território das coisas que eu conheço, dos truques que já domino. Surpreender-se é muito mais digno de admiração, é encarar o abismo, é reconhecer o que ainda não sei e estar aberto para isso.

As empresas, o mundo, precisam de mais pessoas assim, gente capaz de se surpreender, de aprender.

Meu Deus, mas como às vezes parece difícil essa jornada da expertise em aprender!

Como disse Montaigne, mais uma vez citando um trecho de seus maravilhosos ensaios: "Na experiência que tenho de ser eu mesmo encontro o bastante para me tornar sábio, se fosse um bom estudante...".

No capítulo "Experiências", mencionei uma delicada pergunta, que fiz recentemente para o meu pai: "Quando chegamos aos 70 anos, conseguimos finalmente aceitar todas as escolhas que vamos fazendo ao longo da vida e o que, enfim, nos tornamos?".

Agora, conto a continuação da conversa:

Pai: Olha, até hoje, repasso as inúmeras bifurcações que se impuseram para mim e ensaio, comigo mesmo, os caminhos que não percorri. O que teria acontecido se tivesse ido pela esquerda, e não pela direita? Se tivesse aceitado aquela oferta de trabalho ou se tivesse escrito aquele livro... E esse exercício mental, muitas vezes extenuante, acontece quase sempre a minha revelia e com uma frequência muito maior do que gostaria...

Eu: Puxa, será que é impossível se livrar dessa espécie de martírio?

Pai: Tenho muito orgulho da minha família e de tudo o que consegui realizar. Mas, honestamente, não consigo – e acho que nunca conseguirei – deixar de pensar: fiz as escolhas certas? Além de tudo, esse pensamento é acompanhado, ou quem sabe alimentado, por uma cruel vozinha interior, que sussurra:

"O que você fez não é o bastante."

É um jogo complicado. Somos impulsionados por um ideal de ego, um ideal que buscamos realizar, mas esse ideal é traiçoeiramente móvel. Ao nos aproximarmos, ele já salta rapidamente mais adiante. Sempre nos cobrando, sempre com aquela voz que provoca:

"É só isso que você consegue?"

Eu: Quanto a essa questão, você é o mesmo de 30 anos atrás, nada mudou, nenhuma evolução ocorreu?
Pai: Ah, uma importante mudança aconteceu. Com a idade, a carga emocional dessas reflexões fica menor, menos intensa. E surge com mais força outra voz interna, que também consegue ser ouvida, e argumenta:

["Você está de parabéns, fez tudo o que era possível e estava ao seu alcance. Não se lamente, celebre quem você é e seja feliz."]

Eu: Não sei... Não há um tom de acomodação nesse discurso? Um apelo para desistirmos da luta? Acredito muito que temos de nos esforçar ao máximo para sermos tudo aquilo que temos potencial para ser, que esse deve ser sempre o nosso propósito fundamental.

Pai: Eu concordo com você, mas talvez seja possível juntar tudo. Temos de responsavelmente aceitar as escolhas que fazemos e reconhecer quem nós somos: inevitavelmente imperfeitos e eternamente incompletos. Chamo isso de *o longo percurso da humildade*. Mas também temos de sempre buscar sermos melhores do que fomos ontem, ou seja, termos objetivos de desenvolvimento. As duas coisas não se chocam. Pelo contrário, se complementam. Como alguém já disse sobre a vida:

["Não sois obrigado a concluir a obra, mas tampouco estais livre para desistir dela."]

É assim que conseguimos viver plenamente o presente, degustando as múltiplas novas experiências, que não raramente envolvem erros nossos. E, ao mesmo tempo, usando essas experiências para que possamos crescer, refletindo sobre como podemos ser, de fato, tudo o que podemos nos tornar. Faz sentido?

Eu: Muito. E esse longo caminho é exatamente o que, na Atingire, temos chamado de expertise em aprender.

Que nós todos tenhamos uma fértil caminhada!

"Todo caminho da gente é resvaloso. Mas, também, cair não prejudica demais – a gente levanta, a gente sobe, a gente volta! (...) Tenho medo? Não. Estou dando batalha."

GUIMARÃES ROSA

ANEXO

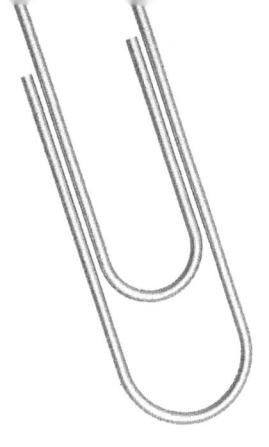

Um estudo de caso para que você possa levar a discussão sobre expertise em aprender para a sua empresa

COM QUEM VOCÊ QUER TRABALHAR: COM A EMÍLIA OU COM O EVANDRO?

EMÍLIA – AUSÊNCIA DA EXPERTISE EM APRENDER.

Ah, a Emília tinha o dom da palavra, era a rainha das apresentações e palestras. E como ela adorava um debate! Especialmente quando conseguia impor suas ideias. Toda discussão era, no fundo, uma chance para ela mostrar que sabia das coisas, que tinha razão. Ninguém ganhava da Emília!

A Emília era elétrica, dinâmica, vivia proclamando por todos os lados que tínhamos de inovar mais, sair na frente. Mas era batata: se alguém levava alguma nova ideia para a Emília, recebia de volta um olhar condescendente, misto de enfado e superioridade, acompanhado da mensagem: "Eu já fiz isso uma vez...". Ela tinha, realmente, muita experiência.

Todo mundo dizia que a Emília era muito antenada, sempre atenta aos movimentos do mercado. E era engraçado ouvi-la diminuir as iniciativas dos concorrentes, por mais criativas que fossem. Era também divertido quando a Emília ia fazer algum curso de gestão no exterior. Ela sempre voltava toda animada, falando que ia mudar tudo, dizendo como o Brasil era atrasado, mas, depois de alguns dias, nada de diferente acontecia.

Acho que isso ocorria porque ela era muito focada em resultados e estava sempre correndo. Ninguém podia acusar a Emília de falta de comprometimento. Ela odiava "conversa mole", produtividade era a palavra de ordem, A Emília cobrava mesmo, tínhamos de estar sempre nos mexendo.

E fazíamos isso juntos, que equipe unida! A Emília gostava de contratar apenas pessoas com pouca experiência, para, como ela mesma afirmava, "poder moldá-las corretamente". Éramos um time de "Emílias", total sintonia.

Puxa, por onde anda a Emília hoje? Lembro que, logo antes de ser demitida da empresa, ela até tinha recebido uma ótima avaliação de desempenho, baseada nas competências da organização.

No início, confesso que fiquei muito surpreso com a saída dela, mas hoje enxergo claramente a metacompetência que faltava para a Emília.

EVANDRO – UM EXPERT EM APRENDER!

Que fantástica aquisição para a nossa equipe! O Evandro é extremamente inteligente, isso, logo de cara, fica bastante óbvio para todo mundo. Ele é rápido, esperto, sempre ligado. E é incrível a quantidade de livros que já leu. Assombro maior, só a sua fantástica memória. A consequência não podia ser outra: com o Evandro, a resposta está sempre na ponta da língua.

Mas...

Com o tempo, as pessoas começaram a se incomodar com o Evandro. Como é difícil dialogar com ele! Pior, é complicado até completar uma frase, porque o Evandro interrompe você, tentando fechar o seu raciocínio, já emendando depois a réplica e também a conclusão. Puxa, só ele fala!

Não dava para aguentar mais. Tiramos no palitinho: quem iria dar um toque para o Evandro?

Sobrou para mim! E é por isso que o Evandro marcou tanto a minha carreira. O que ele fez, depois desse *feedback*, mudou o modo como eu enxergo o aprendizado.

O Evandro, claro, se incomodou no início, ninguém gosta de ser criticado. Mas, já na semana seguinte, ele me procurou novamente, para apresentar seu projeto de desenvolvimento pessoal, cujo título era "ouvir mais".

Só para você ter uma ideia, veja alguns itens do tal projeto:

» O Evandro mapeou três colaboradores da empresa, que todo mundo reputava como bons ouvintes, e agendou conversas com eles. O Evandro estava atrás de dicas, ele queria beber da experiência de quem sabia fazer.

» Também me nomeou seu "assistente" nesse projeto. Era engraçado: depois de cada reunião de que participávamos juntos, eu fazia uma sessão de dez minutos com o Evandro, apontando momentos em que ele poderia ter ouvido mais.

» Para completar, o Evandro até se inscreveu em um curso de "escuta ativa"!

Hoje, eu não tenho dúvida. O Evandro é mesmo a pessoa mais inteligente que conheço. Não porque ele sabe muito, mas porque ele é capaz de aprender tudo aquilo de que precisa!

REFERÊNCIAS BIBLIOGRÁFICAS

ALVES, R. (2002). *Livro sem fim*. São Paulo: Loyola.

ANCONA, D. e BRESMAN, H. (2007). *X-teams: How to build teams that lead, innovate, and succeed*. Boston: Harvard Business School Press.

ANCONA, D. *et al*. (2007). "In the praise of the incomplete leader". *Harvard Business Review*, 85, fev., pp. 92-100.

BLAKELEY, K. (2007). *Leadership blind spots and what to do about them*. West Sussex: Wiley & Sons.

BLOOM, H. (2004). *Onde encontrar a sabedoria?*. Trad. José Roberto O'Shea. Rio de Janeiro: Objetiva.

BONDER, N. (1998). *A alma imoral*. Rio de Janeiro: Rocco.

BONO, E. (2005). *Thinking course*. Nova York: Barnes & Noble.

CAHN, S.M. (2009). *Philosophy of education: The essential texts*. Nova York: Routledge, p. 169.

COLLINS, J. (2001). "Level 5 leadership: The triumph of humility and fierce resolve". *Harvard Business Review*, 79, jan., pp. 66-76.

CORTELLA, M.S. (2006). *Não nascemos prontos! Provocações filosóficas*. São Paulo: Vozes.

DUHIGG, C. (2012). *O poder do hábito*. Trad. Rafael Mantovani. Rio de Janeiro: Objetiva.

DWECK, C. (2008). *Mindset*. Nova York: Ballantine Books.

EICHINGER, R.W. e LOMBARDO, M.M. (2004). "Learning agility as a prime indicator of potential". *Human Resource Planning*, 27(4), pp. 12-16.

FALCONI, V. (2009). *O verdadeiro poder*. Nova Lima: INDG Tecnologia e Serviços Ltda.

GEORGE, B. e SIMS, P. (2007). *True North: Discover your authentic leadership*. São Francisco: Jossey-Bass.

GERZON, M. (2006). *Leading through conflict: How successful leaders transform differences into opportunities*. Boston: Harvard Business School Press.

GEUS, A. de (2002). *The living company*. Boston: Harvard Business School Press.

GLADWELL, M. (2005). *Blink*. Nova York: Back Bay Books.

GOLDSMITH, M. (2007). *What got you here won't get you there: How successful people become even more successful*. Nova York: Hyperion.

GUIMARÃES ROSA, J. (2006). *Grande sertão: Veredas*. Rio de Janeiro: Nova Fronteira.

HEATH, C. e HEATH, D. (2010). *Switch: How to change things when change is hard*. Nova York: Crown Business.

HILLMAN, J. (2001).*Tipos de poder: Um guia para o uso inteligente do poder nos negócios*. Trad. Sônia Régis. São Paulo: Axis Mundi.

HURSON, T. (2007). *Think better: An innovator´s guide to productive thinking*. Nova York: McGraw-Hill.

JUCÁ, F. e PAIVA, F. (2008/2009). *O executivo que gostava de ler*. São Paulo: Nobel.

JUCÁ, F. e TORTORELLI, F. (2008). *O jogo das marcas*. São Paulo: Cultrix.

KNOWLES, M.; HOLTON, E. e SWANSON, R. (2011). *The adult learner*. Oxford: Elsevier.

KOLB, D.; OSLAND, J. e RUBIN, I. (1995). *The organizational behavior reader*. Nova Jersey: Prentice Hall.

MARTIN, R. (2007). *The opposable mind: How successful leaders win through integrative thinking*. Boston: Harvard Business School Press.

McCALL, M.; LOMBARDO, M. e MORRISON, A. (1998). *The lessons of experience*. Nova York: Free Press.

McCALL JR., M.W. e HOLLENBECK, G.P. (2008). "Developing the expert leader". *People & Strategy*, 31(1), pp. 20-29.

McNEELY, I. e WOLVERTON, L. (2013). *A reinvenção do conhecimento*. Trad. Maria Lúcia de Oliveira. Rio de Janeiro: Record.

MINSKY, M. (2006). *The emotion machine*. Nova York: Simon & Schuster.

MONTAIGNE, M. (1991). *Ensaios*. Trad. Sérgio Milliet. São Paulo: Nova Cultural. (Os Pensadores)

MUSIL, R. (2006). *O homem sem qualidades*. Trad. Lya Luft e Carlos Abbenseth. Rio de Janeiro: Nova Fronteira, pp. 133-134.

PLOUS, S. (1993). *The psychology of judgement and decision making*. Nova York: McGraw-Hill.

ROBBINS, S. (1999). *Comportamento organizacional*. Trad. Cristina Ávila de Menezes. Rio de Janeiro: LTC.

SENGE, P. (1990). *A quinta disciplina*. Trad. Regina Amarante. São Paulo: Nova Cultural.

THAKOR, A. (2001). *The four colors of business growth*. Oxford: Elsevier.

TOFFLER, A. e TOFFLER, H. (2007). *Revolutionary wealth: How it will be created and how it will change our lives*. Nova York: Random House.

VINCENT, J. (2007). *Viagem extraordinária ao centro do cérebro*. Trad. Rejane Janowitzer. Rio de Janeiro: Rocco.

WEINER, E. (2008). *Geografia da felicidade*. Trad. Andréa Rocha. Rio de Janeiro: Agir.

ZULL, J. (2002). *The art of changing the brain*. Sterling: Stylus Publishing.

Especificações técnicas

Fonte: ITC Giovanni 12 p
Entrelinha: 16 p
Papel (miolo): Offset 90 g
Papel (capa): Cartão 250 g
Impressão e acabamento: Print Laser